Das Buch vom biologischen Weinbau

Helmut Snoek

Das Buch vom biologischen Weinbau

Rebbau und Weinbereitung mit naturgemäßen Methoden

Orac ______________ Pietsch

Schutzumschlag: Bronislaw Zelek
Herausgeber: Georg E. Siebeneicher

Bildquellen:
Alle Abbildungen, bis auf die gesondert bezeichneten, stammen vom Autor

ISBN 3-87943-833-1

1. Auflage 1981

Gesamtherstellung: Wilhelm Röck, 7102 Weinsberg
Printed in Germany

Inhaltsverzeichnis

Dieses Buch widme ich meiner lieben Frau, die seit vielen Jahren meinen Weg zum Hobbywinzer geduldig mitmachte, ihren schönen Obstgarten für meine Weinstöcke opferte, mich bei Fehlschlägen tröstete und stets meinen Wein mitgetrunken hat. Das Buch entstand auf Anregung vieler Freunde.

Für den Leser dieses Buches: Kein Vorwort, sondern Hinweise zum besseren Verständnis

Um dieses Buch zu verstehen und anzuwenden, sollten Sie wissen:

- Es ist *nicht* für den Berufsweinbauern geschrieben, sondern für den Hobbygärtner, der Freude, Entspannung und auch Tätigkeit an frischer Luft sowie eine wunderschöne Freizeitbeschäftigung bekommen möchte. Verständnis zur Pflanze und Liebe zur Natur sowie zur Gartenarbeit kommen, wenn nicht schon vorhanden, von ganz alleine nach!
- Es handelt sich um eine straff gegliederte Darstellung über das ganze Thema »Wein« – sozusagen eine Art »Kochbuch«, das Ihnen so lange, bis Sie die Grundlagen beherrschen und sich gewissermaßen frei geschwommen haben, einen sicheren Leitfaden gibt, Fehler vermeiden hilft, Ihnen aber soviel Freiheit des Denkens läßt, daß das Ganze auch noch Spaß macht.
  Dieses Buch bringt also nicht eine Gesamtdarstellung über das riesengroße Gebiet des Weinbaues – hier wird auf Fachbücher verwiesen –, sondern beschränkt sich auf das Gebiet des Hausweingartens und die Selbstherstellung des Hausweines.
- Alles hier Niedergeschriebene ist selbst ausprobiert. Es beinhaltet die jahrelangen, oft mühevollen Erfahrungen eines früher gar nicht Gartenbegeisterten, eines Mannes, der erst durch und über die Weinpflanze zum Gärtner wurde, dem aber aus dieser Tätigkeit viel Freude, Befriedigung und Liebe zur Natur erwuchs.
- Das Buch setzt Ihre Bereitschaft zum Mitdenken und Weiterlernen voraus. Sie müssen und werden Ihre eigenen Erfahrungen machen – das ist es ja gerade, was die Arbeit im Weinberg und bei der Weinbereitung so interessant macht. Auch Sie werden Fehler begehen, sich ärgern – na und?

Ich garantiere aber: Wenn Sie nach einiger Zeit Ihren eigenen Wein trinken und diesen auch Ihren Freunden vorsetzen – wird Ihr Stolz erheblich sein, und für Ihre Gesundheit tun Sie nebenbei auch noch einiges!

- Dieses Buch ist nicht zuletzt in der Hoffnung geschrieben, daß viel Chemie im Weinberg und im Keller eingespart werden kann zu Gunsten unserer Umwelt und auch unserer Gesundheit. Sie sollen einen biologisch einwandfreien Wein erhalten.
  Erstaunen Sie daher bitte nicht, wenn auch manches für Sie vielleicht Neues über den biologischen Anbau, ebensolche Spritzmittel, über Kompost usw. zu lesen sein wird.
- Kaufen Sie dieses Buch nicht, wenn Sie »zwei linke Hände« haben! Ein wenig handwerkliche Fähigkeiten müssen da sein. Ist man stets auf fremde Hilfe angewiesen, wird das Hobby zu teuer.
- Den Wein, den Sie im eigenen Keller heranreifen lassen, können Sie *nicht* vergleichen mit einem gekauften. Er wird niemals süß oder lieblich sein, er kann kein teurer Edeltropfen werden – das schaffen Sie nicht! Aber es wird ein gesundes, bekömmliches Getränk sein, das besonders zum Essen schmeckt, von dem alle noch mehr haben wollen und das Sie auch gut vertragen. Im Laufe der Zeit wird sich auch Ihr eigener Geschmack umstellen, vermutlich mögen Sie dann keine schweren und süßen Weine mehr. Kurz – wie bei vielen unserer Eß- und Trinkgewohnheiten finden Sie wieder etwas zurück zum natürlichen, einfacheren Leben und seinen Freuden.

KAPITEL 1

Die Voraussetzungen für einen eigenen Weingarten

1.0 ÜBER PFLANZEN UND NATUR

Pflanzen sind Lebewesen. In grauer Vorzeit haben Pflanzen- *und* Tierwelt einen gemeinsamen Lebensstamm besessen, aus dem heraus sich beide entwickelt haben. In der Tierwelt spannt sich ein breiter Bogen von den niederen Formen bis hin zum höchst entwikkelten Lebewesen, dem Menschen; sinngemäß gibt es in der Pflanzenwelt ähnlich große Unterschiede. Es besteht gar kein Zweifel, daß hochentwickelte Pflanzen vielen niederen Tierformen in ihrer Lebenstüchtigkeit und »Intelligenz« überlegen sind.
Wir definieren Intelligenz so: Es ist die Eigenschaft, sich auf geänderte Verhältnisse und Bedingungen schnell einzustellen, sich an sie anzupassen und damit fertigzuwerden.
Nun, das können Pflanzen wahrhaftig. Vielfach noch besser und schneller als tierische Lebewesen.
Es gibt kaum ein Tier, das sich über 60 Millionen Jahre den immer wieder geänderten Verhältnissen auf unserer Erde so angepaßt hat wie z.B. gerade die Weinpflanze. Aus Versteinerungen wissen wir, daß sie sich schon damals genauso präsentierte wie noch heute die Wildrebe.
Vieles Interessante und Lesenswerte gibt es hierüber zu berichten – es würde den Rahmen dieses Buches sprengen. Ich empfehle aber doch, noch einige interessante Bücher zu kaufen, die in Kapitel 12.1 aufgeführt sind. Sie bekommen ein ganz anderes Verhältnis zur Pflanzenwelt, wenn Sie z.B. erfahren, daß das Chlorophyll der Pflanze ähnlich unseren roten Blutkörperchen ist, daß unsere Pflanzen ein höchst kompliziertes und zum Teil raffiniertes Liebesleben

besitzen, daß sie so etwas wie Gefühle zeigen und wir sie heute sogar zu erkennen vermögen. Auch Pflanzen reagieren auf Geräusche und Musik (Rock and Roll mögen sie gar nicht, manche gehen sogar dabei ein, bei Musik von Bach wachsen sie dagegen viel freudiger).

Geht es Ihnen nicht auch manchmal so: Sie gehen in einen schönen, stillen Wald – und fühlen sich wohl, es kommen Behagen und Ruhe über Sie. Es ist eine sympathische Welle, die Ihnen entgegenströmt. Wir wissen heute, daß Pflanzen auch Ihre Sympathie verspüren, es ist eine wechselseitige Erscheinung.

Wir sollten aber auch daran denken, daß es ohne Pflanzen kein tierisches Leben auf unserer Erde gäbe. Die Tierwelt besitzt nicht den Mechanismus, die Energie des Sonnenlichtes einzufangen, über den unsere Pflanzenwelt verfügt.

Warum ich das sage? Nun, vor allem anderen gehört zur Gartenarbeit Verständnis für die Pflanzen, sonst wird Ihnen wenig gelingen. Sie sind keine tote Materie, mit der wir machen können, was *wir* wollen, sie sind *Lebewesen.* Auf schlechte Behandlung, auf Unverständnis für ihre Lebensbedürfnisse, reagieren sie auf ihre eigene Art – sie gehen einfach ein.

Es gibt aber viele Menschen, die ein enges, persönliches Verhältnis zu ihren Nützlingen haben, ja, die sogar mit ihnen reden – und Dank in reichem Maße ernten.

Wenn wir schon alle Pflanzen als Lebewesen ansehen müssen – jeder Weinstock ist ein Individuum! Sie werden es schon merken: keiner gleicht dem anderen, jeder hat seine persönliche Eigenart. Es gibt brave darunter, die wachsen so, wie Sie wollen, andere bringen einen schier zur Verzweiflung. Sie fügen sich einfach nicht unseren Wünschen.

In Ihrem Weingarten werden Sie mit den Jahren jeden Stock einzeln kennenlernen und sich auf seine Eigenart einstellen, um Erfolg zu haben. Genau das ist es aber, was Ihnen Freude und auch Befriedigung verschafft und gemeinsam mit der wirklich interessanten und abwechslungsreichen Arbeit das Hobby nie langweilig werden läßt. Legen Sie sich ein kleines Weinfeld an – einen besseren Ratschlag für Ihre Freizeit kann ich Ihnen nicht geben.

Natur, natürlich, naturbelassen – immer wieder und immer mehr lesen wir diese Schlagworte in den letzten Jahren. Es baut sich gewissermaßen eine Gegenbewegung zur Unnatur unserer Stadtwelt, der Monokultur unserer Zucht- und Nahrungspflanzen, der

Technisierung und Chemisierung unserer Umwelt auf. Auch diese Schrift geht auf den Naturbegriff ein. Dies nicht, um modernes Leben zu verdammen, sondern um die richtigen, vernünftigen und machbaren Verhältnisse wiederherzustellen.
Was wir in der Landwirtschaft aus Personal- und Preisgründen nur schwer verwirklichen können, nämlich weg von zu viel Monokultur, von zu viel Technik und Chemie – im Hausgarten ist es möglich! Nicht die jeweils modernste Spritze bringt den Erfolg, sondern das, was ich eingangs sagte: der Kontakt mit dem Lebewesen Pflanze, das Wissen um seine Bedürfnisse und selbstverständlich Hilfe in Notfällen.
So wie wir die Pflanzen heute vor uns sehen, sind sie ja, sehen wir einmal von Züchtungen ab, ohne Menschenhand und Pflege, ohne Kunstdünger und Spritzmittel auf uns überkommen. Sie blieben trotz Krankheiten oder Schädlingen lebenstüchtig und vererbten ihre Art. Sind wir also selbst schuld, wenn in der heutigen Landwirtschaft immer mehr geklagt wird, daß trotz modernster Mittel Bakterien, Pilze, Insekten und wer weiß noch was immer stärkere Schäden anrichten?
Ja, wir sind es. Natürlich nicht ohne Grund, denn wir können ja nicht mehr im Urwald leben und brauchen die Monokulturen bis zu einem gewissen Grad, um satt zu werden.
Vieles vom guten alten Wissen ist aber heute verlorengegangen oder wird einfach nicht mehr angewendet, da Technik und Chemie seit fast 100 Jahren unser Leben so herrlich bequem gemacht haben. Wir stehen aber an einem Wendepunkt. Denn trotz modernster und immer komplizierterer Mittel: Blattläuse gibt es immer noch, Pilzkrankheiten mehr als je zuvor.
Wie aber wirken die Stoffe, die wir, wenn auch in allerkleinsten Mengen, heute mit der täglichen Nahrung zu uns nehmen, und von denen wir wohl annehmen, daß sie harmlos sind, wirklich auf uns und unsere Nachkommen? Wir wissen es nicht, und wir können es auch nicht erfahren, wir erleben es ja nicht mehr.
Deshalb die Maxime dieses Buches: soviel wie möglich zurück zu natürlichen Methoden, die wirklichen Bedürfnisse der Pflanze erkennen, und so wenig Chemie wie möglich. Das scheint mir ein richtiges Rezept zu sein. In unserem Garten können wir es anwenden.
Wie verstehe ich das in der Praxis? In unserem Weingarten beispielsweise darf Unkraut wachsen, je vielfältiger, umso besser. Wenn wir Läuse befürchten: vielleicht hilft es schon, daß wir etwas Kresse

unter den Weinstöcken anbauen, die Biester mögen den Geruch nicht. Und sind sie wirklich einmal in Massen da, nun, dann haben wir auch wirksame pflanzliche Spritzmittel. Wir behandeln aber nicht prophylaktisch den ganzen Sommer hindurch alle 14 Tage unseren Weinstock gewissermaßen mit Atombomben gegen Insekten jeglicher Art. Damit töten wir z.B. auch das Marienkäferchen, das die Läuse so gerne frißt.
Und gegen viele Pilzkrankheiten gibt es auch pflanzliche oder mineralische, d.h. also natürliche Produkte, die ausreichend gut wirken. Wir brauchen nicht die Trauben mit hochkomplizierten chemischen Mitteln zu behandeln, auch wenn sie noch so »unbedenklich« sein sollen. Nur dann, wenn wegen ganz besonderer Umstände unsere Ernte oder unsere Pflanzen wirklich vernichtet oder geschädigt würden, sozusagen als letzte Hilfe, nehmen wir Zuflucht zur Chemie. Der Winzer kann selbstverständlich nicht so denken, er lebt ja vom Ertrag – wir aber können und müssen unsere heutigen, ach so bequemen Gewohnheiten wieder ändern, denn langsam erkennen wir, daß der Weg der »chemischen Landwirtschaft« eine Sackgasse ist.
Alles, was in diesem Buch steht, ist diesen Grundsätzen untergeordnet. Wieweit Sie in der naturgemäßen Gartenpflege mitmachen wollen, ist Ihre Sache. Aber probieren Sie es doch einmal – wenn die Ergebnisse nicht schlechter aussehen als bisher, haben Sie sehr viel gewonnen!

1.1.1 ÜBER REBEN UND WEIN – GESCHICHTLICHES UND AMÜSANTES

Vor einigen Jahren wurde seitens einer amerikanisch-irakischen Forschungsgesellschaft im alten Zweistromland Mesopotamien, dem heutigen Irak, eine Tontafelbibliothek in Keilschrift mit einem geschätzten Alter von ca. 8000 Jahren ausgegraben. Was den Fund so bemerkenswert machte, war ihre gute Erhaltung, der komplette Zustand und die Tatsache, daß es sich um eine landwirtschaftliche Lehrbibliothek handelt. Das ganze seinerzeitige Wissen war hier beschrieben: Anlage von Feldern, Düngevorschriften, komplizierte Bewässerungssysteme, Anbaumethoden, Veredelungsmöglichkeiten usw. Unter den verschiedenen Nahrungsmitteln behandelten die ausführlichsten Kapitel die Bohnen – und den Wein.
Man schließt daraus, daß lange vor einem geordneten Getreidean-

bau die Bohne das erste kultivierte Massennahrungsmittel war und daß der Wein, sei es als Frucht, Süßmostgetränk oder in vergorener Form, schon damals zum täglichen Leben gehörte. Die Überlegungen gehen noch weiter: In der Art, wie bereits der Anbau, sein Schnitt, die Veredelungsmöglichkeiten usw. beschrieben wurden, herrschten schon zu dieser Zeit Kenntnisse über diese Pflanze, die auf eine lange Zeit der Kultur und Zucht schließen lassen. Wieder einmal ein Hinweis auf die These, daß die Weinpflanze die älteste Begleiterin des Menschen überhaupt ist und daß Menschen und Wein eine Gemeinschaft eingegangen sind, die bis in die graue Vorzeit reicht, sich in vielen Religionen und kultischen Handlungen widerspiegelt und insgesamt beide »Lebensformen« so miteinander verwoben sind, daß die eine ohne die andere nicht mehr existieren kann. Zumindest gilt das für die Gebiete, in denen der Wein aus klimatischen Gründen auch wächst.
In vielen menschlichen Lagerstellen der Vorzeit finden sich Traubenkerne als Beweis für die Beliebtheit des Nahrungsmittels Weintraube. Älteste Bildwerke sowie Literatur über Trauben, Wein und Weinbereitung sind über die ganze Erde hin verbreitet, sind in jedem alten Kulturzeugnis über die Menschheit vorhanden und in einer solchen Vielfalt dargestellt, wie von keiner anderen Pflanze der Welt. Ob es die Sumerer, die Ägypter, Griechen oder Römer waren – ihre Kenntnisse waren schon seinerzeit perfekt, wir wissen und können heute nicht viel mehr!
Aber auch bei uns, in Mitteleuropa, haben die Pflanze und ihr berauschender Saft eine lange Tradition. Die Römer brachten um die Zeitenwende den Wein nach Germanien, im 12. Jahrhundert war er *das* Volksgetränk. Er wurde bis an die Ostsee, ja bis nach Norwegen hin angepflanzt. Der Weinkonsum pro Kopf der Bevölkerung war vor dem Dreißigjährigen Krieg etwa sechsmal so hoch wie heute. Er war Nahrungsmittel, Getränk und Genußmittel zugleich. Selbst in den Armen- oder Siechenhäusern gab es pro Insasse bis zu 2 Liter Wein täglich kostenlos!
Erst ab dem 17. Jahrhundert wurde bei uns der Wein langsam durch das Bier verdrängt, kamen andere Getränke, z.B. der Branntwein, später noch der Tee und der Kaffee in Mode. In den typischen Weinländern schadete der vordringende islamische Glaube dem Weinkonsum, obgleich auch diese Religion den im Kampf Gefallenen im siebenten Himmel Wein in Überfülle verspricht.
In der Neuzeit sind es dann die kohlensäurehaltigen Getränke, wie

Limonaden, Colas und »wegen der Gesundheit« die Mineralwässer, die dem Wein als Konsumgetränk Abbruch tun.
Wie falsch! Ein gesunder, naturreiner Wein gehört einfach zum Leben. Er macht nicht krank, sondern heitert uns auf – er ist, im richtigen Maß genossen, ein Gesund- und Frohmacher, wie es keinen besseren gibt. Lesen Sie auch einige Bemerkungen über Wein und Gesundheit in Kapitel 10.8.
Wie heißt ein schöner Spruch: Ein Glas Wein pro Tag gibt uns $\frac{1}{10}$ der täglichen Nahrung und $\frac{9}{10}$ der täglichen Freude.
Unzählig sind die Märchen der Völker, wie der Wein eigentlich entdeckt wurde. Lassen Sie sich eines der nettesten erzählen:
»Vor undenklichen Zeiten lebte einmal in einer großen Stadt ein mächtiger König, dessen Lieblingsfrau gestorben war und dessen ganzer Hofstaat mit ihm trauerte. Sein ältester Minister, der das große Leid nicht mehr ertragen konnte, schenkte ihm daraufhin seine jüngste Tochter zur Frau, auf daß wieder Freude und Lachen in den Palast einkehren mögen. (Damals machte man das so!) Aber auch sie wurde von der allgemeinen Trauer angesteckt, und obgleich der König sie herzlich liebte, verfiel sie zusehend und hatte keine Freude mehr am Leben.
Da kam ein fremder Arzt in die Stadt.
Er heilte mit neuen, wundersamen Methoden viele Kranke, und alsbald gelangte auch sein Ruhm in das Königshaus. Man schickte nach ihm, und der König versprach ihm sein halbes Reich, wenn er es vermöchte, seine Frau und auch ihn selber von seinem Gram zu erlösen. »Nichts leichter als das«, sprach der Arzt. »Nehmt von diesen Weinfrüchten auf dem Tische, zerquetscht sie, tut den Saft in einen Krug und lasset ihn eine Woche lang stehen. Er wird erst schäumen und dann nicht mehr süß schmecken, sondern herb wie eine Medizin. Von diesem Saft gib Deiner Frau und auch Dir selber täglich einige Becher, die Krankheit wird geheilt sein.« Der König zürnte: »Von faulem Saft soll ich trinken – verdorbenes Getränk zu mir nehmen?« und wies den Arzt vom Hofe. Der alte Minister aber, der seine Tochter liebte, hatte wohl zugehört, tat nach den Vorschriften des Arztes und gab seiner Tochter den zubereiteten Trunk. Sie wollte mehr – und noch mehr – und noch einmal mehr, so gut tat er ihr, und so warm und wohl fühlte sie sich schon nach dem ersten Schluck.
Als sie nach einiger Zeit wieder vor ihren König trat, sah er ihre blanken Augen, bemerkte ihre Fröhlichkeit, wunderte sich über ihr

heiteres Wesen. Er fragte sie nach dem Grunde, und sie erzählte ihm von dem Zaubertrunk. Auch er verlangte nun danach und gab auch seinen Dienern. Alsbald war wieder Lachen am Hof, die Kranken wurden gesund, die Liebe blühte auf und der König schickte nach dem Arzt, um ihn reich zu belohnen. Dieser aber war nicht mehr aufzufinden. Aus Dank errichtete der König dem Unbekannten einen Tempel – ob es wohl ein Vorgänger von Dionysius oder Bacchus war, der fortan dort verehrt wurde?
Und wissen Sie auch, wie wir den Schnitt des Weines lernten? Es waren Esel, die es uns beibrachten. Und das kam so: Aus Asien kam schon sehr bald mit den Persern die Weinpflanze nach Griechenland. Der Wein wurde dort auch an den Wegen angebaut, und hier fraßen die vorüberziehenden Esel in der Winterszeit die Reben ab. Was sah man? Dort, wo die Triebe angeknabbert waren, wuchsen im neuen Jahr viel schönere, kräftigere nach, und siehe da, sie trugen auch mehr Trauben, diese waren größer und schmeckten auch süßer als bisher. Was Wunder, daß man bald allenthalben die Traube beschnitt und so zum »modernen« Rebbau kam.
Damit möchte ich dieses Kapitel schließen – wer mehr über die phantastische Geschichte des Weines im Laufe der Jahrtausende kennenlernen möchte, für den habe ich im Anhang einige gute Bücher genannt.

1.1.2 ÜBER REBEN UND WEIN – HEUTE

Fahren Sie nach Griechenland, Spanien, Italien, Ungarn, Tunesien oder Frankreich usw. usw. – der Wein wird heute nicht anders angebaut als seit Jahrhunderten.
Auch der Konsum ist gleichgeblieben. Wein ist *das* Getränk schlechthin. Und bei uns? Seit der großen Reblauskatastrophe Ende der vorigen Jahrhunderts, seit auch das Bier den Wein zu verdrängen begann, wurde aus dem früheren Volks- nunmehr ein Luxusgetränk, und dieses leider mit allen Konsequenzen. War die Maßeinheit für Wein, die man vor dem ersten Weltkrieg vorgesetzt bekam, in Süddeutschland ein voller Liter, so wurde dies nach den zwanziger Jahren auf das berühmte »Viertele« reduziert, heute sogar auf 0,2 Liter. Rechnete ein Wirt früher einen Aufschlag von höchstens 100% auf den Einkauf, so schlägt er heute bis zu 400% auf. Aus dem Getränk *zum* Essen wurde ein Luxusgetränk *nach* dem Essen; und

das Schlimmste: Es kam die süße Welle! Auch der kleinste, billigste Wein mußte süß, lieblich und weinig schmecken. Frisch sollte er stets sein und glanzklar obendrein. Und teuer mußte er werden. So befahlen es unsere Geschmacksmacher.
Der Weinkenner schüttelt sich – das Ausland verstand die Deutschen nicht mehr, denn dort blieb es beim Alten. Bei uns dagegen wurde jeder nur mögliche, ob erlaubte oder unerlaubte Trick, ob in Technik oder in Chemie, angewendet, um die süße Welle mitzumachen.
Zum Glück wendet sich allmählich wieder das Blatt, die trockenen, herben, durchgegorenen und kernigen Weine kommen wieder. Aber viel Schaden ist angerichtet, und es wird lange dauern, bis Wein wieder das wird, was er einmal war – ein ideales, bekömmliches Tischgetränk, so natürlich und chemiefrei wie möglich. Ein unverfälschtes Nahrungs- und Genußmittel.
Interessant ist die Reaktion von Besuchern auf großen Weinfachausstellungen: nichts als Edelstahl, Maschinen, Technik, wohin man blickt! – Wird so der Wein erzeugt, der »einzig unter den Weinen« sein soll? Der Besucher ist verwirrt und ärgerlich. Ihm geht eine Illusion verloren. Genauso wie heute wieder mehr Brot im Hause gebacken wird, das Eingemachte wieder zu Ehren kommt, so taucht auch immer mehr die Frage auf, warum man nicht auch beim Hauswein zum Selbstversorger werden kann, sofern man nur über ein Stück Garten verfügt.
Man kann! Schauen Sie doch die nachfolgend beschriebenen *Voraussetzungen* an.

1.2.1 KLIMA UND BODEN

Eine Weinpflanze braucht etwas mehr Sonne und Wärme als andere Kulturpflanzen. Daran ändern auch neue, frühreife Züchtungen nichts, die die Ernte schon im September ermöglichen.
Sicher – auch in Hamburg oder sogar in Norwegen wächst an geschützten Hauswänden noch eine Traube heran und wird sogar süß – aber für die Weinbereitung ist es doch nicht das Rechte.
Wohnen Sie südlich der Linie Frankfurt – Nürnberg und nicht höher als 500 m über dem Meer, so können Sie immer einen Weingarten anlegen, es sei denn, sie leben in einer ausgesprochenen Kältezone mit einer mittleren Jahrestemperatur unter 8,5°C. Das Bürgermeisteramt nennt Ihnen diese Daten.

Wohnen Sie weiter nördlich, bis etwa zur Linie Köln – Kassel, so sollten Sie nicht höher als 250 m über dem Meer ihren Garten haben, um es auch wagen zu können – sonst ist es doch schon zu kalt. Noch weiter nördlich sollten Sie sich mit einem Hausspalier oder Einzelstöcken an geschützten Lagen begnügen, ein Weingarten bringt Ihnen keine Freude mehr.
Mit den Bodenverhältnissen ist es einfacher: Je leichter, sandiger oder auch steiniger, kurz umso schlechter im landläufigen Sinne Ihr Boden ist, umso besser. Einen schweren, lehmigen Untergrund, womöglich noch mit stauender Nässe, den mag die Pflanze nicht. Aus diesen Gründen sind auch Hanglagen viel vorteilhafter als reine Tallagen – das Wasser staut sich nicht, der Boden bleibt lockerer. Sonst aber können Sie in jedem Bodentyp und in jeder Bodenart anpflanzen, der Weinstock ist unglaublich anpassungsfähig. Weiteres in Kapitel 1.3, 2.1.2 und 2.2.

1.2.2 NIEDERSCHLAG, TEMPERATUR, WINDVERHÄLTNISSE, BODENUNTERSUCHUNG UND UNKRÄUTER

Die *Niederschlagsmenge* Ihres Ortes ist wichtig. Erkundigen Sie sich bitte beim Gemeindeamt. In groben Zügen geben auch die Niederschlagskarten in den Atlanten Auskunft.
Niederschlagsmengen von 700 bis 800 mm pro Jahr sind ideal. Darunter werden Sie etwas wässern oder sprengen müssen, besonders in den Monaten August und September. Kein Problem, im Hausgarten wird ja meist etwas gesprengt.
Haben Sie höhere Niederschlagsmengen, also über 900 mm, ist Weinanbau nur noch bei leichten, durchlässigen Böden und besonders in Hanglagen zu empfehlen.
Bei Niederschlagsmengen über 1000 mm wird es schwierig, und Sie sollten, wenn nicht ganz besonders glückliche Umstände vorliegen, z.B. leichter, durchlässiger Boden, hohe mittlere Jahrestemperatur, leichte Windlage, damit nach Regenfällen die Pflanzen schnell wieder abtrocknen können, lieber auf einen Anbau verzichten.
Klimatisch ist noch wichtig: Nasse Winter, aber trockenes Frühjahr sind gut, heiße Sommermonate und ein schöner Herbst sind ideal!
Bei den *Temperaturen* haben Sie eigentlich nur späte Fröste im Mai zu befürchten. Winterfröste schaden wenig, es sei denn, sie liegen längere Zeit unter -12 bis -15°. Das ist selten bei uns.

Hitze und Sonne liebt dagegen die Pflanze besonders. Auch heiße Trockenperioden übersteht sie hervorragend. Wo liegt die Gefahr? Eigentlich nur in Niederungen oder Kältelöchern, aus denen der Frost nicht abfließen kann. Sollten Sie eine Hanglage besitzen, so pflanzen Sie daher im unteren Bereich keine Windschutzhecken an, vermeiden Sie eine Mauer, dichten Zaun o.ä., damit nicht die unteren Reihen durch stauenden Frost in kalten Frühjahrsnächten Schaden erleiden.

Auch die Windlage muß beachtet werden: Ständig starken Wind liebt keine Pflanze. Beim Wein sollte aber *etwas* Wind, besonders in den Frühstunden, da sein; es ist nämlich wichtig, daß der Tau der Nacht, oder feuchtes Blattwerk nach Regen, stets so schnell wie möglich abtrocknen kann. Leichte Windlagen schaden daher weniger als z.B. windstille Tallagen.

Eine *Bodenuntersuchung* ist immer gut, sagt sie Ihnen doch etwas über die Nährstoffverhältnisse Ihres Gartens und somit über etwa notwendige Zudüngung aus. Der Anzeigenteil der Fachzeitungen (siehe Kapitel 12.1) gibt Auskunft über Untersuchungsinstitute, auch Ihre nächstgelegene landwirtschaftliche Beratungsstelle wird Ihnen raten können. Siehe auch Hinweise in 12.2.

Ferner gibt es im Fachhandel kleine Untersuchungsgeräte, wie »Calcitest« der Firma Neudorff, die schon brauchbare Ergebnisse bringen. Absolut notwendig sind diese Dinge nicht. Befolgen Sie die Anleitung dieses Buches hinsichtlich Unterkultur, Humus und sonstiger Zudüngung, so haben Sie Erfolg. Zudem sagt Ihnen ihre Pflanze selber, was ihr fehlt, so daß Sie helfend eingreifen können. Näheres in Kapitel 7.6.

Nun zu den *Unkräutern:* Im Grunde gibt es sie überhaupt nicht, denn erst wir erklären Pflanzen, von denen wir annehmen, daß sie unseren Nutzpflanzen schaden können, zu Unkräutern. Sinngemäß ist also eine Weizenpflanze im Rosenfeld ein Unkraut und umgekehrt eine Rose im Weizenfeld. Im weiteren Sinne ist es aber doch so, daß gerade die Unkräuter besonders lebensfähige Pflanzen sind, zur Belebung der Umwelt und des Bodens beitragen und sehr wohl verhindern können, daß unser Boden durch eine Monokultur einseitig ausgelaugt wird. Sie tragen mithin zur Vielfalt des ganzen Bodengeschehens bei. Natürlich gibt es besonders stark wuchernde Pflanzen im Unkrautbereich, die, wenn man sie überhandnehmen ließe, nicht geduldet werden können, weil sie schon in kurzer Zeit unsere Nutzpflanzen in Bedrängnis geraten ließen.

Im allgemeinen regelt sich das aber in der Natur von ganz alleine, denn dort gibt es Vielfalt und keine Einseitigkeit.
Zumindest für unseren Weingarten wollen wir uns der landläufigen Meinung über Unkraut nicht anschließen, sondern es im Gegenteil zur Bodenbedeckung und sogar zur Bodenverbesserung nutzen.
Zudem sagt uns die natürlich gewachsene Pflanzenflora, und dazu gehören nun einmal die sogenannten Unkräuter, mehr über unseren Boden aus als alle Bodenuntersuchungen. Jede Pflanze liebt nämlich spezielle Bodenverhältnisse ganz besonders und vermehrt sich dort üppig. Da man die Bedürfnisse und auch die Bodenbevorzugung der einzelnen Kräuter genau kennt, ist es anhand von Spezialliteratur möglich, genaue Aussagen über den Boden und seine Nährstoffverhältnisse zu machen. Die Firma Schering AG, Abteilung Pflanzenschutz, 1000 Berlin 65, Müllerstraße, versendet gegen eine Schutzgebühr eine ganz hervorragend ausgestattete, farbig reich bebilderte »Unkrautfiebel«, die Ihnen genau erläutert, wie die Nährstoffverhältnisse eines bestimmten Platzes aussehen müssen, damit sich diese oder jene Pflanze dort besonders üppig vermehrt. Unkräuter haben aber noch andere Vorzüge: Sie lockern den Boden auf, und ihre Wurzeln wirken gewissermaßen als Nährstofftransporteur aus tieferen Schichten. Kurz, wir vernichten die Unkräuter nicht, sondern nutzen sie in vielfältiger Weise.
Und schließlich: Was sieht eigentlich hübscher aus als eine sogenannte »Bauernwiese«? Hier darf alles in natürlicher Vielfalt wachsen, blühen und duften. Das Pflanzenleben präsentiert sich in einer erstaunlichen Fülle; ausgelaugte, kranke Böden werden langsam wieder gesund.
Für unseren Weingarten heißt das: Laß wachsen, was will, drei bis viermal im Jahr wird gemulcht, dieser Mulch bleibt liegen. Im übrigen wird nur dafür gesorgt, daß um jeden Weinstock herum eine kleine Baumscheibe offen bleibt.
Nur ganz wenige, sogenannte rebfeindliche Unkräuter, können wir nicht dulden – sie sind in Kapitel 7.7 beschrieben.

1.2.3 ÜBER DIE REBENVERMEHRUNG

Die Weinrebe ist sowohl eine der artenreichsten als auch vermehrungsstärksten Pflanzen, die es gibt. Wäre sie es nicht, so hätte sie nicht als Pflanzenfamilie ein so hohes Alter bei fast unveränderter

Charakteristik erreichen können. Nur gewisse Farne und Moosgewächse sind über einen ebenso langen Lebenszeitraum erhalten geblieben.
Ein Weinstock kann sich sowohl über seine Samen (die Traubenkerne) als auch über seine oberirdischen Organe vermehren. Diese sogenannte vegetative Vermehrung erfolgt über die Knospen, beim Weinstock »Augen« genannt. Es genügt, daß man eine Rebe, d.h. einen vorjährigen Trieb, mit ein bis zwei Augen einfach mit Erde bedeckt; es entstehen dann sowohl Wurzeln als auch oberirdische Triebe, und eine neue Pflanze ist geboren. Oder aber der Mensch pfropft diese Reben anderen Weinstöcken als Edelreis auf – ein heute allgemein übliches Verfahren, um sortenreine Abkömmlinge zu erhalten. Auch daraus entwickelt sich dann eine neue Pflanze.
Die Triebkraft, besonders eines jungen Weinstockes, ist schier unglaublich. Ließe man die Pflanze wild wachsen und hätte sie den notwendigen Raum zur Verfügung, so würde ein Stock schon in wenigen Jahren einen ganzen Garten bedecken können. Nur mit der Frucht sähe es dann schlecht aus, da alle Kräfte eben ins Wachstum gesteckt werden.
Ich erwähne diese Dinge nur des Interesses halber, denn für Sie gilt nur eines: Sie kaufen sogenanntes »Anerkanntes Pflanzenmaterial« in einer Baumschule bzw. bestellen es direkt beim Pflanzenzüchter. Die Selbstvermehrung nach dem Motto, daß man von Omas schönem Weinstock einfach einen Ableger nimmt, ist zwar bequem und billig, aber gesetzlich verboten (siehe Kapitel 1.6). Sie ist auch für den späteren Erfolg unvorteilhaft.
Adressen von Rebveredlern finden Sie unter 12.2. Eine rechtzeitige Bestellung des jungen Rebgutes ist notwendig. Sie sollten auch für etwaige Rückfragen Rechnung und Originaletiketten des Pflanzengutes aufbewahren, falls doch einmal eine Kontrolle kommt. Warum das alles? Nun, wegen der Reblausgefahr bzw. der Erfüllung des Reblausgesetzes. Denn nur Pfropfreben auf sogenannten amerikanischen Unterlagen bieten die Gewähr dafür, daß die Reblaus nicht wieder so verheerende Schäden anrichten kann wie ausgangs des letzten Jahrhunderts, wo sie den Weinbau in ganz Europa fast zum Erliegen brachte.

1.3 GARTENGRÖSSE UND LAGE

Die Frage ist immer, ab wann es sich lohnt, selbst Wein anzupflanzen, so daß man außer schönen Trauben auch noch zu einem eigenen guten Tropfen kommt. Die Grenzen nach oben und unten können errechnet werden: Sie werden auch in schlechten Jahren etwa einen halben Liter Trinkwein pro Quadratmeter Gartenfläche erwarten dürfen, unter 100 Liter Weinbereitung lohnt sich der Kelleraufwand nicht – also liegt die untere Grenze bei 200 m^2 Anpflanzung. Mehr als 1000 qm Weingarten sollten Sie auch bei noch so großer Begeisterung und vielköpfiger Familie nicht anlegen, denn dann wird aus dem Hobby harte Arbeit. Hinzu kommt noch, daß Sie in sehr guten Jahren auch mal eine Weinmenge von etwa 1 Liter pro m^2 Standfläche erwarten dürfen, und das wären dann bereits 1000 Liter. Da Sie den Eigenanbau nicht verkaufen dürfen, wäre das wohl etwas viel. Immerhin möchte man ja auch ab und zu einmal etwas anderes trinken.

Mein Vorschlag liegt in der Mitte: Fangen Sie mit 200–300 m^2 an, arbeiten Sie sich damit ein, sehen Sie aber eine spätere Vergrößerung auf 500 m^2 vor, wenn es Ihnen soviel Freude macht, wie ich annehme. Mehr nicht! Je nach vorhandener Gartenfläche sollten Sie immer ein angemessen großes Feld freihalten für Blumen, Gemüse, Früchte, Küchenkräuter und eine große Kompostecke. Dazu meine ich noch, daß mehr als die Hälfte eines Grundstückes nicht dem Weinbau zugeordnet werden sollte, denn sonst bekommen Sie ja auch zuhause eine Monokultur.

Alle Angaben dieses Buches sind deshalb für eine 500 m^2 große Anbaufläche festgelegt. Das gilt für Geräte, Faßraum, Materialien usw. Von 500 m^2 dürfen Sie ab dem fünften Standjahr in guten Jahren 500 kg Trauben = 350 kg Süßmost = ca. 300 Liter Wein erwarten. Das reicht auch noch zum Verschenken.

Die Lage Ihres Gartens sollte so sein, daß er möglichst den ganzen Tag Sonne bekommt. Ist das wegen umliegender Gebäude nicht möglich, so ist Morgen-, Nachmittags- und Abendsonne am wichtigsten. Morgens, um den Tau der Nacht rasch abzutrocknen, nachmittags und abends, um noch möglichst viel Wärme mit in die Nacht zu holen.

Süd- oder Westhanglage ist ideal, bei Ostlagen wird es schwierig, bei Nordhanglagen verzichten Sie lieber.

Ist Ihr Garten ständig Winden ausgesetzt? Nicht so problematisch, man könnte ja auch Windschutzhecken pflanzen. Umliegende Häuser? Als Windschutz eher gut, wenn sie nicht zuviel Schatten geben.

1.4 PERSÖNLICHE ARBEITSLEISTUNG

500 qm Weingarten – wieviel Arbeit kommt eigentlich auf Sie zu? Wenn ich im folgenden von »Tagen« spreche, so meine ich damit einen normalen Achtstunden-Arbeitstag. Selbstverständlich brauchen nicht die acht Stunden hintereinander gearbeitet zu werden. Man kann die Arbeitszeit auch auf mehrere Wochen verteilen.
Aber was haben Sie zu leisten: Im Winter und Frühling für Schnitt und Gerüstpflege bis sechs Tage. Vom Mai bis September für Mähen, Ausbrechen, Anbinden, Spritzen usw. wöchentlich etwa fünf Stunden – also insgesamt 12 ½ bis 15 Tage. Im Herbst rechnet man für Einbindearbeiten der Vogelnetze sowie für die Ernte (diese ist ein Festtag!) ca. drei Tage. Für die Kelter- und Kellerarbeit alles in allem fünf Tage – insgesamt also ca. 27 Arbeitstage, sehr reichlich gerechnet.
Man kann auch sagen, es handelt sich hier um die Hälfte Ihrer gesamten freien Sonnabende im Jahr. Nur, so rechnet man nicht. Ein guter Teil dieser Arbeiten oder des Zeitaufwandes wird ja sozusagen nebenbei erbracht: mal hier eine Stunde, mal dort zwei bis drei und – es ist Gartenarbeit, es ist Hobby, es sollte eigentlich zum Vergnügen rechnen. Dazu aber kein leeres Vergnügen, Sie haben ja auch etwas davon, nämlich den eingefangenen Sonnenschein im Glase und noch eine große Menge Stolz auf Ihre persönliche Leistung. – Ich finde, ein gutes Verhältnis von Aufwand und Erfolg.

1.5 FINANZIELLER AUFWAND

Wie sieht es nun mit dem finanziellen Aufwand aus? Auch diese Frage muß geklärt sein, bevor man sich in das Hobby »Weinbau« vertieft. Rechnen ist, wie immer, sehr nützlich. Eines aber vorweg: Für nichts anderes gibt bekanntlich gerade der Mann mehr Geld aus als für sein Hobby. Denken Sie nur einmal ans Fotografieren, an Briefmarken, Sport oder was es sonst noch alles gibt.
Addieren wir die Anfangskosten. Das Gerüst von Pfählen und Draht für eine Fläche von 20 × 25 m besteht aus:

45 Pfähle	à 6,— DM	DM 270,—
Draht, Spanner, Krampen, Nägel		DM 200,—
99 Pflanzpfähle, 2 m hoch		DM 200,—
99 Jungpflanzen	à 3,50 DM	DM 346,50
Torf, etwas Dünger		DM 50,—
36 Bodenanker		DM 152,—
		DM 1 218,50

Im zweiten oder spätestens im dritten Jahr kommt dazu noch:

1 Presse (gebraucht bzw. selber gebaut)	DM 400,—
2 Fässer, gebraucht besser als neu	DM 300,—
2 Gärtanks bzw. Gärfässer	DM 120,—
1 Traubenmühle	DM 150,—
Schläuche und sonstiges Kleinmaterial	DM 50,—
Rückenspritze, Gartenschere, Bindematerial, zusammen	DM 300,—
Korkmaschine, Pumpe, allerlei Kellereiartikel	DM 200,—
Vogelnetze	DM 200,—
	DM 1720,—

In vier bis fünf Jahren noch einmal:

2 kleine Fässer oder ein großes Faß	DM 300,—

Alles in allem also rund 3000,— DM, verteilt auf etwa vier Jahre. Legen Sie die Kosten einmal auf zehn Jahre um, so sind es pro Jahr 300,— DM oder 82 Pfennig täglich, d.h. soviel wie fünf bis sechs Zigaretten – zuviel für ein Hobby? Ich wette, fürs Fotografieren geben manche mehr aus.

Rechnet man nun zu diesen Investitionskosten noch die jährlich laufenden Kosten für Spritzmittel, Düngung, Korken usw. – Flaschen haben Sie umsonst – mit etwa 300,— DM hinzu, so kommen Sie alles in allem auf 600,— DM jährlich oder 50,— DM monatlich.

Was steht dagegen? In den 10 Jahren dieses Berechnungszeitraumes dürften Sie überschlägig insgesamt mindestens 2000 Flaschen à 1 Liter Wein erwarten.

Ergebnis: 1 Flasche Wein kostet Sie rund 3,— DM. Was zahlen Sie sonst für eine Flasche? Wohl mehr! Ergebnis des Rechenexempels also: Dieses Hobby ist kostenlos, oder, um es korrekt zu sagen, kostenneutral.

Die gesunde Gartenarbeit, das Vergnügen, einen eigenen Wein präsentieren zu können, und auch die Gewißheit, ein naturreines Produkt zu trinken, ist dabei mit Geld überhaupt nicht aufzuwiegen.

1.6 ÜBER RECHT UND GESETZE

Es muß auch über Recht und Gesetze gesprochen werden, um später möglichen Ärger zu vermeiden. Der Rebstock ist eben keine so alltägliche Pflanze wie ein Kirschbaum oder ein Johannisbeerstrauch.
Zunächst: gewerbsmäßiger Anbau ist genehmigungspflichtig – das gilt nicht für uns. Das heißt aber auch, daß Sie Ihren Wein nicht verkaufen dürfen. Verschenken ist natürlich erlaubt.
Dann gilt in Deutschland immer noch die Reblausverordnung, die besagt, daß jede Anpflanzung von mehr als fünf Rebstöcken anmeldepflichtig ist und Sie nur kontrolliertes Pflanzgut verwenden dürfen. Die Anmeldung hat beim zuständigen Polizeiposten oder Bürgermeisteramt zu erfolgen. Kosten entstehen dadurch nicht, im Gegenteil, Sie dürfen sogar kostenlose Betreuung von seiten staatlicher Behörden erwarten.
Die von Ihnen vorgenommene Erfüllung dieser Vorschrift bringt Ihnen einige frohe Momente: Außerhalb der traditionellen Weinanbaugebiete weiß kaum ein Beamter von diesen Dingen, die Augen etwa Befragter werden groß und erstaunt – man sieht unbekannte Arbeit auf sich zukommen und wird Sie mit vielen guten Wünschen auf einen rechten Erfolg wieder nach Hause schicken, allenfalls mit der Empfehlung, »mal mit Ihrem Sauerampfer« zur Probe vorbeizukommen. In der Praxis heißt das also, daß Sie für Ihren Hausgarten diese Verordnung nicht so streng zu nehmen brauchen, wie sie geschrieben steht; es wird keiner kontrollieren. Daß Sie zur Aufzucht nur jeweils anerkanntes Pflanzenmaterial verwenden, steht in Ihrem eigenen Interesse. In jedem Fall verwahren Sie bitte Rechnung und Kontrolletiketten auf, als Nachweis bei Rückfragen. Auf den Etiketten steht vermerkt, bei welchem Veredelungsbetrieb Sie gekauft haben, die Unterlagen, die Rebsorte, das Veredelungsjahr usw.
Beachten sollten Sie auch die sonstigen allgemeinen Gartenvorschriften, d.h. bleiben Sie mindestens 1 m von der Gartengrenze entfernt, keine Belästigung des Nachbarn durch Spritzmittel, beim Spritzen die Vorschriften über Bienengefährdung einhalten, kein Motorenkrach in Mittags- und Abendstunden usw. usw. – das wissen Sie ja alles, es ist genauso wie in jedem Garten. Und gibt es doch einmal Ärger mit dem Nachbarn, so denken Sie daran, daß freundliche Worte besser weiterhelfen als Streit oder Beharren auf seinem Standpunkt.

1.7 DIE WEINSPRACHE

Neben der Jäger-, Juristen-, Fischer- und was weiß ich noch welchen Sprachen, gibt es natürlich auch eine »Weinsprache«; das heißt wir kennen viele spezielle Ausdrücke für das große Gebiet des Weines. Wieder ein Hinweis auf die Bedeutung dieser Pflanze und ihres Produktes in unserem Leben! Oder haben Sie schon einmal etwas von einer Gemüsesprache, einer Brotsprache o.ä. gehört?
In diesem Buch habe ich mich bemüht, in Normaldeutsch zu schreiben. Sollte trotzdem einmal etwas von der »Weinsprache« hineingerutscht sein, verzeihen Sie bitte. Ich glaube aber, im Text ist alles sorgfältig erklärt, so daß die Begriffe verständlich sind.

2. KAPITEL

Vorbereitung zur Anlage eines Weingartens

2.1 ANLAGE, MATERIAL UND GERÄTE

Nachfolgend finden Sie die Anlage eines Musterfeldes genau beschrieben. Sicherlich wird es wegen Größe, Lage, Hangneigung usw. keinesfalls auf jeden Garten zu übertragen sein, behandeln Sie daher die Angaben in Ihrer Planung entsprechend sinngemäß. Fertigen Sie eine Skizze an. Nur so können Sie den Materialbedarf für *Ihr Feld* exakt errechnen und kaufen nichts Unnötiges.
Unser Musterfeld ist 25 × 20 m = 500 m² groß. Es ist ein ebenes Feld, leichte Hanglage bleibt unberücksichtigt.
Nehmen Sie bei jeder Planung und der späteren Übertragung auf Ihr Feld ein Metermaß zu Hilfe – geschätzt ist getäuscht!
Benötigen Sie exakte rechte Winkel, so ist die altägyptische Feldmessermethode immer noch die sicherste: Sie messen genau 12 m

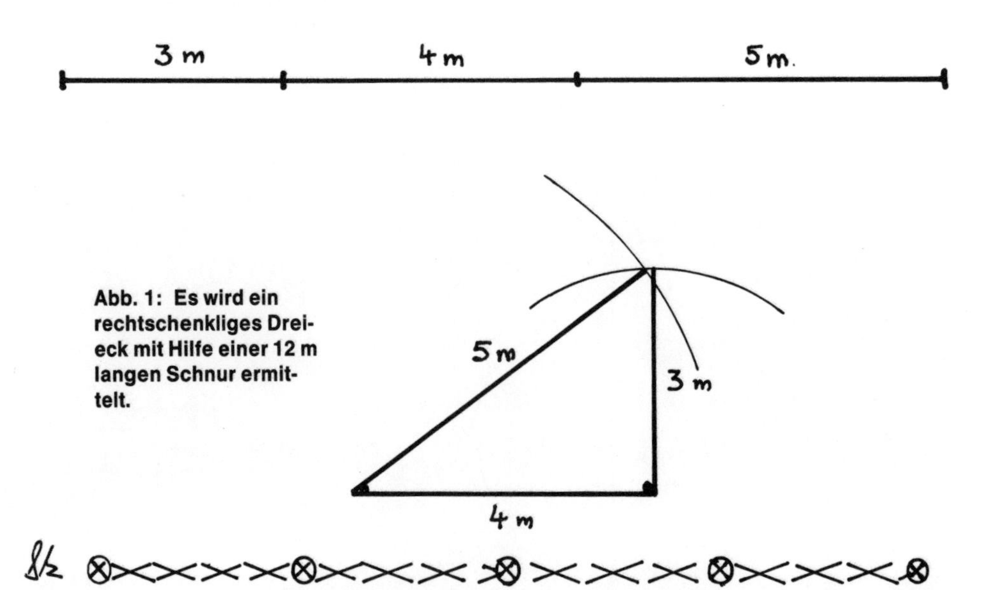

Abb. 1: Es wird ein rechtschenkliges Dreieck mit Hilfe einer 12 m langen Schnur ermittelt.

Schnur ab. Diese wird markiert nach 3 und nach 7 m. Die Strecke zwischen den beiden Markierungen – vier Meter – legen Sie längs einer gewünschten Linie, z.B. parallel der Grundstücksgrenze, und pflocken beide Punkte mit einem Stöckchen fest. Nun bringen Sie die beiden Schnurenden zusammen – der rechte Winkel stimmt immer.

Beim Material sparen Sie nicht, denn auch im billigen Material investieren Sie ja Ihre persönliche Arbeit. Gleiches gilt für Arbeitsgerät. Sie brauchen nicht viel: einen Spaten, eine Kombizange, einen 5-kg-Hammer mit langem Stiel, einen 2-kg-Schlegel und einen normalen Hammer; eine kräftige Hacke, einen Rechen und einen verstellbaren Schraubenschlüssel. Zu den Arbeitsgeräten gehört auch die passende Bekleidung.

Es ist entweder eine normale Jacke mit möglichst vielen Taschen, oder Sie lassen sich von Ihrer Frau eine Spezialschürze nähen. Auf eine ganz gewöhnliche, feste, blaue Schürze werden möglichst viele Taschen aufgesetzt, z.B. so:

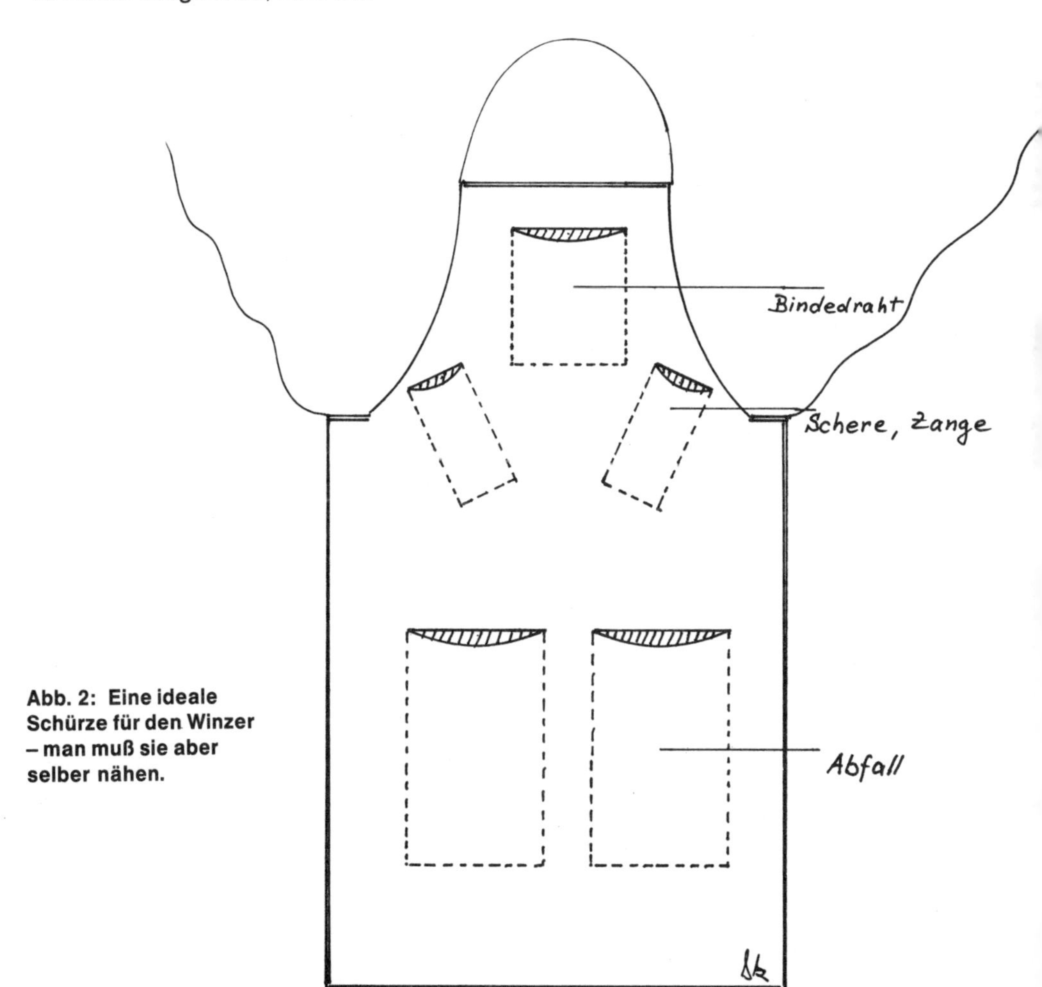

Abb. 2: Eine ideale Schürze für den Winzer – man muß sie aber selber nähen.

Natürlich brauchen die Taschen nicht immer gefüllt zu sein, aber immer haben Sie die Gartenschere, Bindedraht und etwas Plastikschnur zur Hand.
In unserer ganzen Anlage folgen wir einfachen Grundsätzen: Die Arbeit soll körperlich leicht sein – also wird unnötiges Bücken und Recken vermieden. Die Anlage soll pflanzengemäß sein, also wird nicht eng, sondern weit und luftig gepflanzt, getreu des alten Spruches: »Mach mich frei, ich trag für drei«. Und – es soll auch ordentlich aussehen, denn man möchte ja etwas vorzeigen können.

2.1.1 FELDGRÖSSE EINES MUSTERWEINGARTENS

Orientieren Sie sich bitte an der nebenstehenden Skizze, auf der die Maße genau angegeben wurden.
Aus dieser Skizze errechnen wir anhand der Maße und Symbole den exakten Materialbedarf.
Sie finden hier eine Nord-Süd-Zeilung, wie sie normalerweise angelegt wird, damit die Weinpflanzen im Laufe des Tages von *beiden* Seiten Sonne erhalten.
Haben Sie aber eine besondere Windlage, wie sie z.B. in Tälern immer anzutreffen ist, so richten Sie die Zeilung nach der *vorherrschenden* Windrichtung aus.
Es trocknen so die Pflanzen im Innern des Feldes schneller ab, Pilzerkrankungen werden schon von der Anlage her vermindert.
Haben Sie eine kräftige oder sogar starke Hanglage – und dazu rechne ich alles, was über 20° Neigung hat – so richten Sie die Zeilung *parallel* zum Hang.

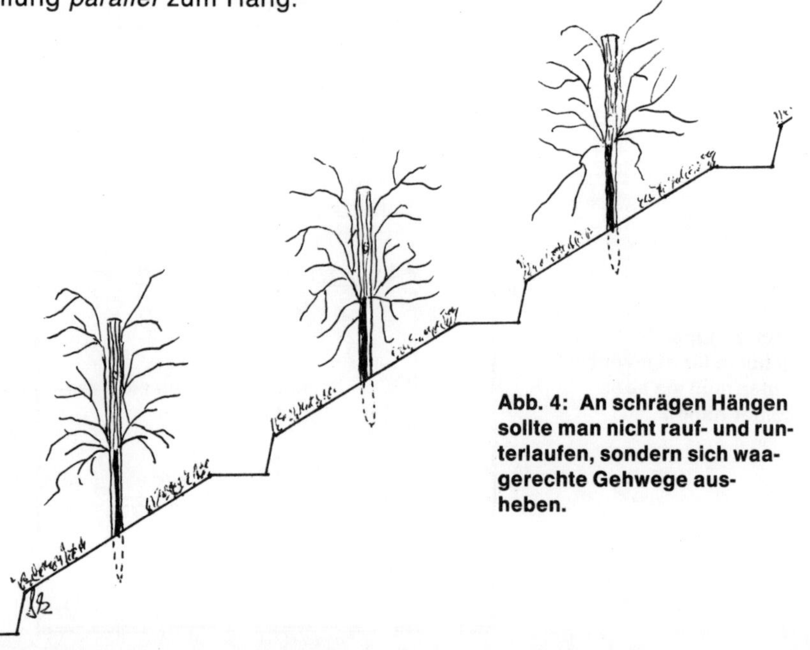

Abb. 4: An schrägen Hängen sollte man nicht rauf- und runterlaufen, sondern sich waagerechte Gehwege ausheben.

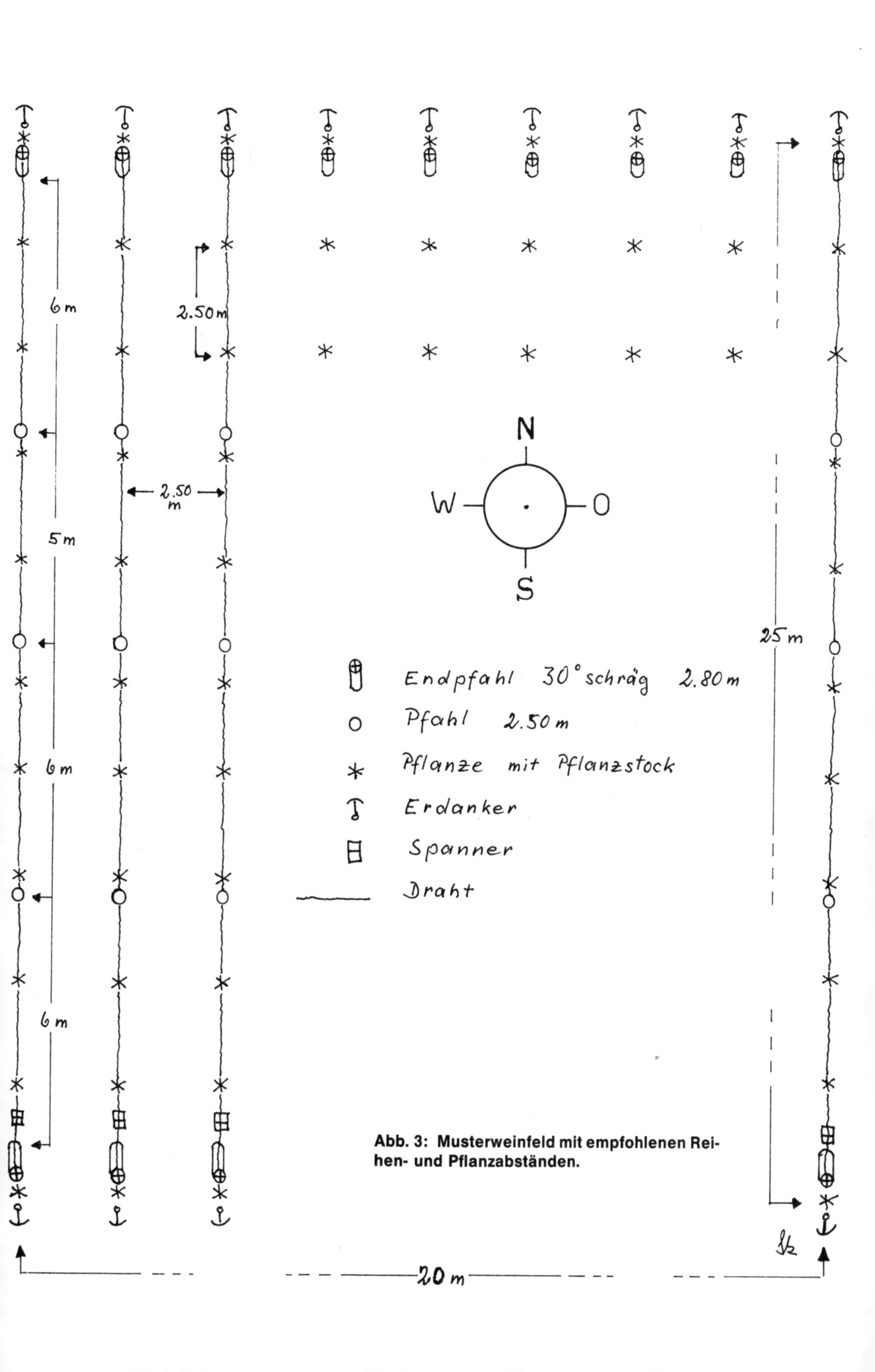

Abb. 3: Musterweinfeld mit empfohlenen Reihen- und Pflanzabständen.

Die notwendigen Wege zwischen den Zeilen graben Sie jeweils in der Mitte waagerecht aus, so laufen Sie angenehm auf ebenen Wegen und verhindern noch Abschwemmungen bei Gewitterregen. Glauben Sie mir, die Wegeanlage lohnt sich, denn wie oft werden Sie hier hin und her gehen!

2.1.2 BODENBESCHAFFENHEIT, BODENBEARBEITUNG

Was stand vorher auf dem ausgesuchten Musterfeld?
Wiese: Gut – nichts machen, nur an den markierten Pflanzpunkten ein schönes, großes Pflanzloch ausgegraben, darum eine etwa 60 cm große Baumscheibe von der Grasnarbe befreit.
Baumgarten: Gute Wurzelrodung ist nötig, lassen Sie Bäume und Hecken im Norden ruhig stehen, im Westen, bei genügend großem Abstand, auch.
Hausgarten, Beete, Büsche usw.: Abräumen, einebnen, offene Erde mit Kleemischung einsäen.
Was haben Sie für ein Erdreich, wie ist der Untergrund? War er so schlecht, daß sich eine Weinbergsanlage eigentlich verbietet, so haben Sie es in den nächsten Jahren selber in der Hand, durch eine gezielte Kompostdüngung und bestimmte Bodenbedeckung, z.B. mit Klee, aber auch durch Wachsenlassen der örtlichen Unkräuter, eine ständige Bodenverbesserung zu erzielen.
Ich empfehle Ihnen hierzu das sehr interessante Büchlein des berühmten Landschaftsarchitekten und Hobbygärtners Alwin Seifert, betitelt: »Ackern – Gärtnern – ohne Gift«, siehe 12.2. Es wäre wirklich an der Zeit, daß die Erkenntnisse, die man über Pflanzengemeinschaften, Bodenverbesserungen usw. heute hat, auf den Rebbau übertragen werden. Hier herrschen noch viel zu viele alte Ansichten und Gewohnheiten, und neues, unkonventionelles Denken täte not.
Im übrigen jede tiefe Bodenarbeit, wie Umgraben oder Umpflügen, unterlassen! Alle Bodenschichten bleiben wie sie sind, jede sogenannte Vorratsdüngung entfällt.
Auch Ihr Boden ist Natur! In jeder Handvoll Erde siedeln Milliarden Kleinstlebewesen. Sie haben sich in *der* Erdschicht angesiedelt, die ihnen am besten paßt. Wir stören dieses komplexe Erdenleben, wenn wir alles um- und umstülpen.
Alles tun wir dagegen, um die natürlichen Verhältnisse zu erhalten

und den Boden noch fruchtbarer zu machen. Nur ausgesprochene Mangelerscheinungen an Nährstoffen ergänzen wir *nach und nach*, möglichst mit Gaben *organischer* Düngemittel (siehe 2.3).
Kurz, wir lassen die gewachsenen Verhältnisse zunächst bestehen und ändern schonend und langsam mit *biologischen* Methoden, bis wir uns in einigen Jahren einen Idealzustand angenährt haben. Wir haben doch Zeit! Auch der Weinstock braucht drei bis vier Jahre, ehe er richtig groß ist und trägt. Warum also alles sofort erledigen?

2.1.3 MARKIERUNG DES FELDES – LAGESKIZZE

»Ihre« Lageskizze fertigen Sie selber an, bezogen auf Ihren Garten. Sie vermerken auf ihr alles: Wann das Gerüst eingeschlagen wurde, welche Rebsorten Sie gepflanzt haben, das Pflanzjahr usw. usw. Sie glauben nicht, wie schnell man vieles vergißt.
Anhand der Skizze gehen Sie zur Feldmarkierung über. Ihren genau ausgemessenen Platz sowie die Stellung der Pfähle markieren Sie mit kleinen Stöckchen im Boden, und zwar auf dem *ganzen* Feld. Nur so können Sie dann immer wieder mit den Augen kontrollieren, ob Sie auch richtig gemessen haben und alles schön in einer Linie steht.
Haben Sie ein ebenes Weinfeld, so legen Sie keine Wege an, bei Hanglagen aber graben Sie zunächst, so wie weiter oben empfohlen, Ihre Wege aus. Sie haben es ab sofort schon leichter.

2.1.4 DER MATERIALBEDARF

Unser Materialbedarf errechnet sich aus der Musterfeldskizze wie folgt:

18 Endpfähle, 2,80 m lang, ∅ 8–10 cm
27 Pfähle, 2,50 m lang, ∅ 8 cm
99 Pflanzpfähle – auch »Tomatenpfähle« genannt – ca. 1,50 m hoch, ∅ 4–6 cm.
Anstelle dieser Pflanzenpfähle können Sie auch sogenannte »Dachlatten« verwenden, 3 m lang, die auf 1,50 m zugeschnitten und an den Enden zugespitzt werden. Im Sägewerk erhältlich.

Alles Holzwerk wird acht Tage, bevor wir es in den Boden einschlagen, und soweit, wie es im Erdreich zu stehen kommt (Pfähle 50 cm, Pflanzenpfähle 25 cm), mit Karbolineum oder einem Karbolineum ähnlichen Markenpräparat (aber nicht mit Xylamon, Holz- oder Bautenschutzfarbe, Ölfarbe o.ä.) sorgfältig imprägniert. Dies geschieht entweder durch Eintauchen oder durch zweimaliges sattes Einstreichen. Hierbei Handschuhe anziehen, alte Bekleidung verwenden, denn Karbolineum ätzt und ist aus Kleidung kaum wieder herauszubekommen. Auch bereits »grün« vorimprägnierte Hölzer behandeln Sie so, die Haltbarkeit im Boden wird verdoppelt.
Sie benötigen ferner noch:

1000 m Draht für die *Heftdrähte* und zum Befestigen der Endpfähle, ∅ 2,2 mm.

250 m Draht für den Haltedraht, auch *Biegedraht* genannt, ∅ 3–3,5 mm.

Kaufen Sie stets *doppelt verzinkten* Draht bzw. sogenannten »Weinbergsdraht«. Bestehen Sie auf dieser Qualität, auch eine Extrabestellung bei einem Spezialhändler lohnt sich! Dieser Draht hält 20 Jahre und länger, normal verzinkten Draht können Sie schon nach vier bis sechs Jahren auswechseln. Bei kunststoffummantelten Drähten oder Plastikdrähten habe ich in der Praxis keine Vorteile entdecken können.
81 *Drahtspanner*, ich bevorzuge die nachstehend gezeigte Type und zwar in ihrer größten Ausführung mit etwa 10 cm Gesamtlänge. Auch hier nur gut verzinkte, nicht kunststoffummantelte Ware einsetzen.

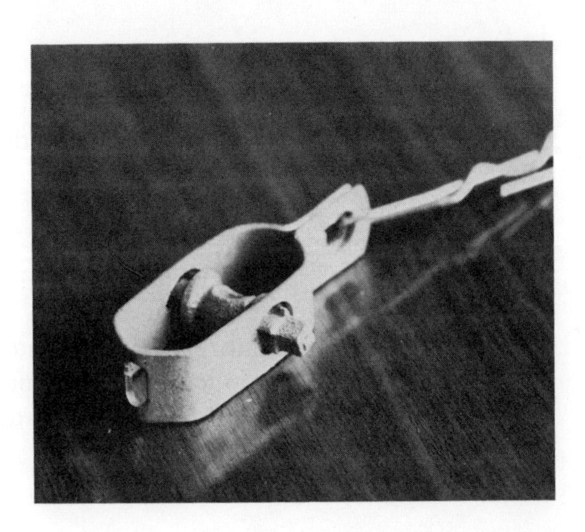

Abb. 5: Eine verzinkte Spannschraube.

Krampen, verzinkt, ca. 4 cm lang, kaufen Sie gleich eine Tüte mit ca. 500 g.
Karbolineum, ca. 10 Liter.
Einen *Drahtabroller* (s. Lieferantenverzeichnis 12.2), denn ohne ihn wird Drahtabrollen zur Strapaze. Sie können ein solches Gerät aber auch aus Holz leicht selber basteln. Zuerst kommt der Fuß gemäß Abb. 6, dann die eigentliche Drahthaspel, die sich auf dem Fuße dreht lt. Abb. 7.
Die Bretter werden einfach zusammengenagelt, mit etwas Holzleim dazwischen hält es noch besser. Zwischen Fuß und Haspel kommt eine Holzscheibe, so daß die Haspel sich gut dreht. Für die Pflöcke verwenden Sie Stücke eines Besenstieles, sie werden in vorgebohrte

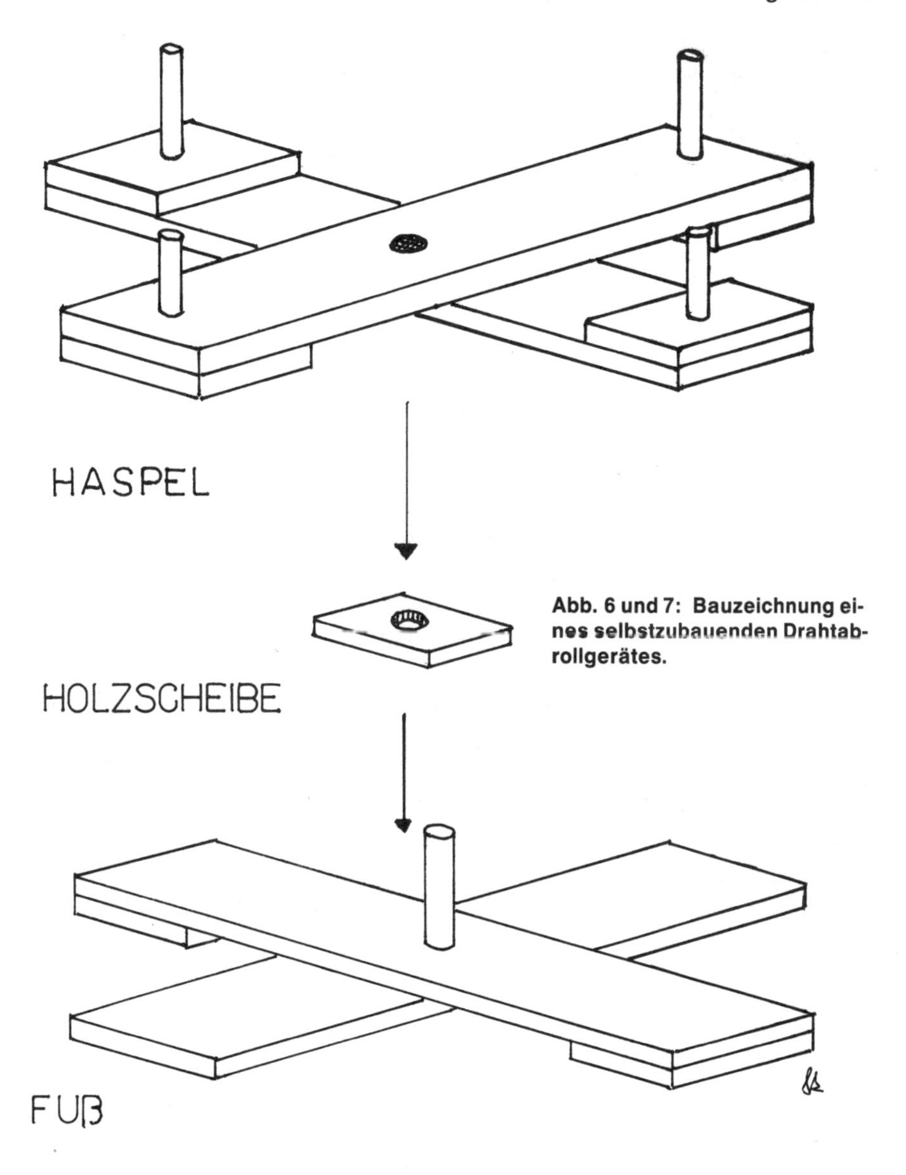

Abb. 6 und 7: Bauzeichnung eines selbstzubauenden Drahtabrollgerätes.

Löcher eingeleimt. Als Entfernung der Pflöcke zueinander nehmen Sie den *Innendurchmesser* der Drahtrolle.
Nun können Sie auf der sich drehenden Haspel jeden Draht bequem und ohne daß er Schlaufen bildet Meter für Meter sauber abrollen.
36 *Bodenanker*, die Sie am sinnvollsten direkt bei der Firma Glienke & Co, s. 12.2. bestellen.

Abb. 8: Bodenanker aus verzinktem Eisen.

Sie halten ewig, sind problemlos in den Boden einzudrehen und gegebenenfalls auch genauso leicht wieder zu entfernen. Natürlich kann man auch einen kurzen, kräftigen, ca. 80 cm langen Pflock, ∅ 80 mm, leicht schräg in den Boden einschlagen und den Zugdraht hieran befestigen. Dieser hält, gut imprägniert, auch seine fünf Jahre.
Ich empfehle aber die erste Möglichkeit, gerechnet auf zehn Jahre kommen die gekauften Drahtanker auch nicht teurer.

2.1.5 ERSTELLUNG DES DRAHTRAHMENS

Es geht los! Beim Einrammen der Pfähle lassen Sie sich bitte helfen, ansonsten stehen diese gerne etwas schief. Genau und mit kleinen Schlägen einschlagen, damit nichts splittert. Sind sie allein, so schlagen Sie mit einem kurzen Pfahl ein kleineres Loch vor, dann hat der große Pfahl gleich einen Halt im Boden. Exakt die markierten Stellen beachten, Sie glauben gar nicht, wie schnell sonst eine Reihe schief werden kann. Alle Pfähle werden ca. 50 cm tief in den Boden eingeschlagen, das gibt die nötige Festigkeit.
Die sogenannten Endpfähle jeweils am Ende einer Rebzeile, werden in einem schrägen Winkel von 30° eingeschlagen, so wie es die Skizze zeigt.

Abb. 9: **Maße für schräggestellten Endpfahl einer Rebzeile.**

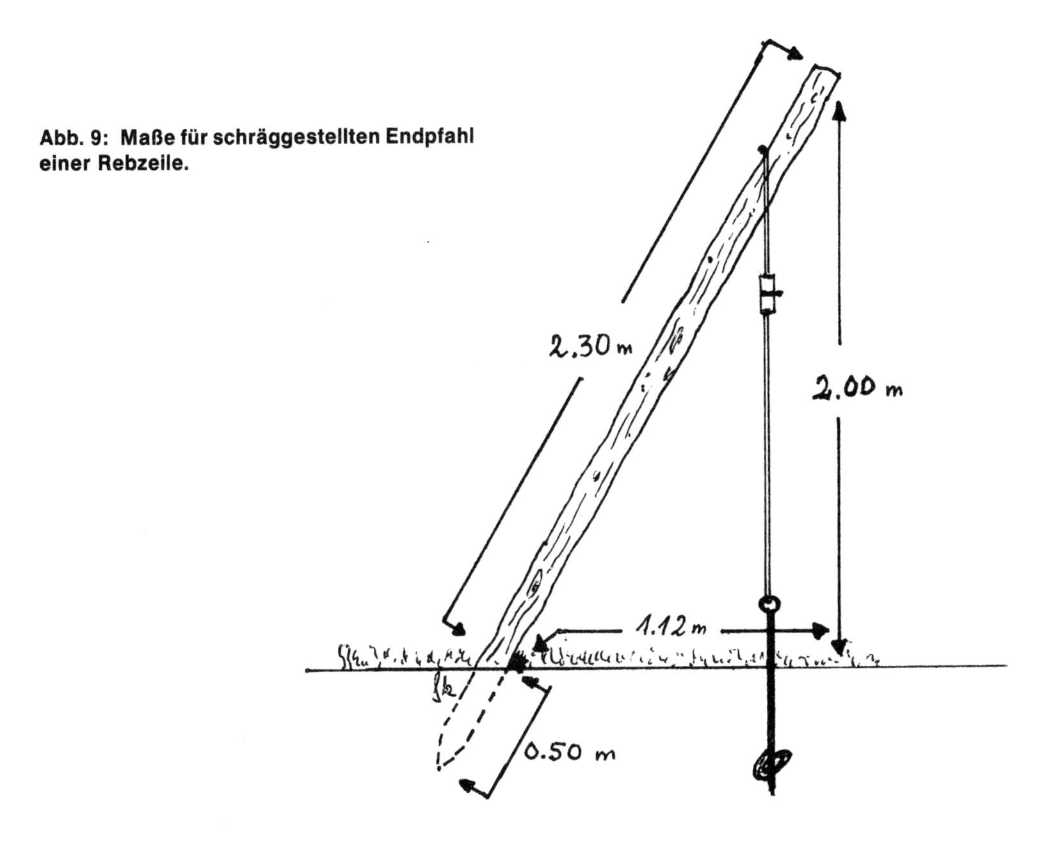

Die Spitze des Pfahles sollte dabei 112 cm vom Bodenpunkt entfernt nach außen weisen.
Vorteilhaft ist es, an den Endpfählen 50 cm von unten eine ebenfalls imprägnierte, etwa 30 cm lange Latte quer anzunageln. Sie verhindert, daß diese Pfähle durch den starken Druck, der ständig auf ihnen ruht, im Laufe der Jahre weiter in den Boden sinken.

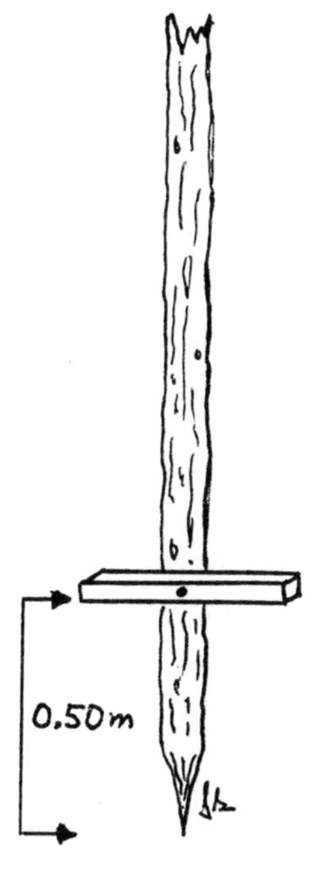

Abb. 10: **Das Querholz verhindert ein Eindrücken der Pfähle in den Boden.**

Alle Endpfähle werden mit jeweils doppelten Bodenankern, je 50 cm links und rechts aus der Reihe herausstehend, versehen, so wie es die nebenstehende Skizze zeigt.

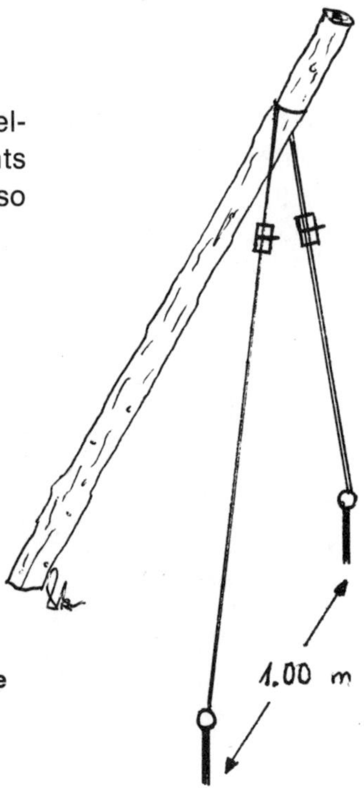

Abb. 11: Endpfähle verspannt man sinnvollerweise nach zwei Seiten, so halten sie einem seitlichen Winddruck besser stand.

Das genaue Ausrichten der Endpfähle auf Zeile und auch die richtige Schrägstellung erfolgt später mit Hilfe der Drahtspanner.
Wenn Sie allein sind, ist es nützlich, einen Hilfsstock einzuschlagen, an dem der Endpfahl zunächst mit Schnur provisorisch befestigt wird. Man kann auf diese Weise ebenfalls die richtige Schrägstellung gut kontrollieren und korrigieren.
Die End- und Mittelpfähle stehen – nun werden in den jeweiligen Reihen die *Pflanzstellen* mit Markierungsstöckchen bezeichnet. Auch hier messen Sie genau, Sie selber haben später Freude, wenn die Pflanzen sauber ausgerichtet dastehen.
Falls das Pflanzloch nicht schon gegraben und die Baumscheibe freigemacht wurde, tun Sie es jetzt. Mindestens eineinhalb Spatentiefe und je eine reichliche Spatenbreite sollten Sie ausgraben und wenn möglich auch noch darunter die Erde leicht anlockern. Die Aushuberde verteilen Sie auf der Baumscheibe. In jedes Pflanzloch stecken Sie den Pflanzstock, er wird nur ganz leicht eingeschlagen. Erst jetzt werden die Drähte gezogen. Dank des Abrollgerätes brauchen Sie keine Hilfskraft dazu.
Wie bestimmt man nun die Höhe vom Boden und die Entfernung der Drähte untereinander? Nicht nach Zentimetern, sondern nach Ihren

persönlichen Körpermaßen – Sie sollen es ja später bequem haben. Der Haupttragedraht, auch *Biegedraht* genannt, da auf ihn die beiden Schenkel der Stockvergabelung gebogen werden (es ist der drei Millimeter starke Draht), liegt in Gürtel- bzw. Bauchnabelhöhe. Er wird zuerst gespannt.
Es kommen weiter nach oben drei *Heftdrahtreihen,* zum Anheften der Jahrestriebe (Draht ∅ 2,2 mm). Die erste befindet sich etwa in Höhe Ihrer Brustwarzen, die zweite in Höhe Ihrer Nasenspitze, die letzte in Höhe Ihrer Handwurzel des locker nach oben ausgestreckten Armes.
Der unter dem Biegedraht befestigte Heftdraht wird ca. eine Handspannenlänge, d.h. etwa 20 cm tiefer angebracht.
Zunächst befestigen Sie an der einen Seite des Feldes an allen Endpfählen die Drahtspanner. Sie werden ebenfalls mit Draht angebunden. Das Foto zeigt Ihnen wie. Es genügt dabei, wenn der Draht nur einmal um den Pfahl gelegt und etwa drei- bis viermal um sich selbst geschlungen wird. Eine Krampe hält ihn in der richtigen Höhe fest.

Abb. 12: So wird ein Drahtspanner am Endpfahl befestigt.

Jetzt wird zunächst der Biegedraht – 3 mm ∅ – gezogen und am anderen Endpfahl in der jeweils richtigen Höhe direkt, d.h. ohne Spanner, befestigt: einmal um den Pfahl gelegt, einige Male dann um sich selbst gedreht, das genügt. Nun wird der Draht an der *Spannerseite* abgeschnitten – nicht zu knapp! –, das Ende durch das Spannerloch und die Aufwickelachse hindurchgesteckt und die

Achse nur einmal um sich selbst gedreht. Keinesfalls jetzt schon festziehen!
Nunmehr die Endpfähle an den Bodenankern befestigen. Die genaue Lage der Bodenanker entnehmen Sie den Abb. 9 und 11. Auch hier werden oben am Pfahl die beiden Spanner mit Draht befestigt.

Abb. 13: Dieses Bild zeigt noch einmal im Foto, wie die beidseitige Verspannung aussieht.

Vom Bodenanker her werden die Spanndrähte provisorisch eingezogen und am Spanner wieder nur mit einer Umdrehung gesichert, das genaue Ausrichten kommt später. Zur Absicherung des Drahtes in der Bodenankerschlaufe genügt ein vier- bis sechsmaliges Herumwickeln um sich selbst.
Jetzt werden, genauso wie der Hauptdraht gespannt wurde, die drei oberen und der unter Heftdraht angeschlagen – das Rahmengerüst steht.
Das endgültige Festspannen der Drähte beginnt mit dem Ausrichten der Endpfähle. Sie sollen alle die gleiche Schrägneigung haben und, bezogen auf die Weinzeile, senkrecht stehen.
Es folgt das Spannen aller Zeilendrähte, und zwar von oben nach unten! Ziehen Sie dabie die Spanner *nicht zu fest* an. Es genügt, daß

die Drähte gerade nicht durchhängen. Zum Spannen verwendet man einen Schraubenschlüssel, keine Kombizange!
Jetzt werden die Krampen in die Mittelpfähle, ebenfalls jeweils in der richtigen Höhe über dem Draht befestigt. Man schlägt sie stets etwas schräg ein, so daß verschiedene Holzfasern erfaßt werden. Sie bilden über dem Draht nur eine lose Schlaufe, d.h. der Spanndraht wird keineswegs etwa mit den Krampen am Pfahl festgeschlagen, er muß sich frei darin bewegen, denn sonst könnten Sie ja später nicht mehr nachspannen.
Die Weinzeile ist fertig, das Pflanzen kann beginnen.

2.2 DIE REBSORTEN – AUSWAHL UND KAUF

Unter 100 m^2 Standfläche pflanzen Sie nur eine Weinsorte, darüber wählen Sie jedoch zwei Sorten aus und zwar eine weiße und eine rote.
Welche sind zu empfehlen? In keinem Fall eine, bei der in Schnitt, Klima, Bodenverhältnissen usw. schwierige Voraussetzungen zu erfüllen sind. Also keine Rieslinge, Blauburgunder, Silvaner o.ä. und auch keine der vielen Neuzüchtungen.
Ich empfehle für Rotwein entweder den *»Blauen Portugieser«* oder den *»Frühburgunder«*, genannt auch »früher blauer Burgunder«.
Die erstgenannte Sorte bringt einen stetigen, reichen Ertrag mit großen und schönen Trauben, die auch als Eßtrauben hervorragend zu verwenden sind; der hieraus gewonnene Wein ist als leichter, erfrischender Tischwein einzustufen.
Der Blaue Frühburgunder ist ebenfalls eine problemlose Sorte, wird früh reif und gibt schon einen ausdrucksvollen, dunklen Rotwein; jedoch sind die Trauben als Eßtrauben weniger geeignet, da sie sehr klein sind. Diese Sorte verlangt etwas mehr Spritzarbeiten bei Pilzgefahr, da das Traubengerüst sehr dicht ist. Trotzdem ist die Pflanze noch als unanfällig zu bezeichnen und bringt regelmäßig reiche Erträge bei frohem Wuchs.
Für Weißweine empfehle ich Ihnen die weiße *Gutedeltraube*. Auch sie ist eine problemlose Traubensorte. Durch luftiges Blattwerk und lockeren Stand der Beeren im Traubengerüst ist sie wenig krankheitsanfällig. Sie stellt geringe Ansprüche an Boden und Klima und bringt reichen Ertrag mit schönen, großen Trauben, die als Eßtrauben und zur Weinbereitung gleichermaßen gut zu verwenden sind.

Natürlich erhebt der Wein keinen sehr hohen Anspruch und kann nicht mit einem Riesling verglichen werden. Es ist aber ein sauberer, ordentlicher Landwein, nicht zu stark säurehaltig, der besonders zu Tisch immer erfrischend ist und Ihnen gut schmecken wird. In der Schweiz ist diese Rebensorte neben der Burgunderrebe am häufigsten angepflanzt, man nennt den Wein dort »Fendant«, in Frankreich »Chasselas«.
Bestehen Sie auf den hier empfohlenen Sorten. Wenn Ihre Baumschule sie nicht besorgen kann, so wenden Sie sich an einen der unter 12.2 genannten Züchter. Aber bitte teilen Sie einem solchen Züchter auch Ihre ungefähren Bodenverhältnisse mit – es gibt für die Edelreiser immer verschiedene Unterlagen, die für diesen oder jenen Boden ganz besonders gut geeignet sind.
Alle drei genannten Traubensorten wachsen bei den gleichen Bodenverhältnissen, verlangen die gleiche Düngung und, für Sie in der Anfangszeit besonders wichtig, benötigen auch die gleichen Schnittmethoden.
Kaufen Sie nur sogenannte Kartonagereben oder besser noch, wenn auch etwas teurer, Topfreben. Beide Lieferformen besitzen bereits ein gut ausgebildetes Wurzelwerk, das Anwachsen ist daher problemlos, und Sie haben kaum Pflanzverluste.
Der Pflanzeneinkauf ist Vertrauenssache, auch eine kleine Reise lohnt sich für ihre »Babys«, denn je besser das Pflanzgut, desto mehr Ertrag und Freude werden Sie in späteren Jahren haben.
Die Bestellungen für Ihre Pflanzen geben Sie im Herbst auf. Pflanzen können Sie bis in den April hinein, Topfreben sogar bis Ende Mai, in besonderen Fällen sogar auch mitten in der Vegetationszeit, vorausgesetzt natürlich, Sie topfen sie so vorsichtig aus, daß der gesamte Wurzelballen unbeschädigt in das Erdreich kommt und anschließend besonders sorgfältig gewässert wird.
Mein Rat: Suchen Sie sich »Ihren« Züchter, eine Autoreise dorthin lohnt sich durchaus, und ein fachliches Gespräch macht immer Freude.

2.3 DÜNGER UND KOMPOST

Aus dem vorangegangenen Text haben Sie gemerkt, daß ich ein konsequenter Freund des organischen, d. h. des naturgemäßen Landbaues bin. Sinngemäß lehne ich daher auch den anorganischen

oder, wie man ihn auch nennt, Kunstdünger ab. Allen wissenschaftlichen Theorien zum Trotz und auch entgegen allen langatmigen Ausführungen in den Fachbüchern sind diese reinen Nährstoffdünger für mich etwas Fremdes im Boden, sie wirken brutal, sind geeignet, das Bodenleben empfindlich zu stören und lassen den Boden im Laufe der Jahre verkarsten. Hat man einmal damit angefangen, muß man ständig mehr nehmen, um gleiche Ernten zu bekommen, zum Schluß ist das Ökosystem Boden zu einer chemischen Retorte geworden.
Ich will Humus haben, denn nur durch eine möglichst kräftige Humusschicht erreiche ich wieder die normale Bodenbiologie, hole mir den Regenwurm in den Garten zurück und erziele damit ohne Zudüngung kräftige, von sich aus gesunde Pflanzen, die alleine fertig werden mit den vielfältigen Schädlingen, die es auf den Wein abgesehen haben. Humus schützt vor Bodenerosion, hält das Wasser im Boden fest und macht meine Gartenwirtschaft erst preiswert durch Einsparung von viel Chemie und Kunstdünger.
Konsequenterweise bleibe ich demnach, wenn zugedüngt werden muß, beim *rein organischen Dünger,* auch wenn er etwas teurer ist und länger braucht bis er wirkt; aber auch nur solange, bis ich meinen eigenen, selbsterzeugten Kompost und meinen Mulch aus dem Schnitt des Unkrautes zur Düngung mitverwende.
Unter rein organischem Dünger verstehe ich z. B. Dünger wie Hornspäne oder getrockneter Rinderdung. Gehen wir systematisch vor: Wichtigstes »Düngemittel« ist der selbsterzeugte Kompost; diesem habe ich das nachfolgende Kapitel gewidmet. Gleichwertig neben dem Kompost steht der Regenwurm (!); auch ihm steht ein eigenes Kapitel zu. Etwa 60 bis 70% all Ihrer Bodenpflege gehen auf das Konto dieser beiden »Düngemittel«.
Es folgt der *Mulch.* Was ist das? Nun, alles, was auf Ihrem Boden wächst, bleibt auch dort und wird ihm unmittelbar wieder zugeführt. Mulchen heißt, daß Sie den Gras- und Unkrautschnitt dort belassen, wo die Pflanzen gestanden haben. So bestiehlt man den Boden nicht, sondern führt alle Nährstoffe wieder zurück.
Zwei besonders wichtige Vorteile vermittelt der Mulch:

- Die im Pflanzengut gespeicherten Nährstoffe bleiben am Ort, sie werden durch Kleinlebewesen, Pilze, Bakterien und Kleintiere der Erde zurückgegeben. Der natürliche Stoffkreislauf bleibt erhalten. Niemals kann es eine Überdüngung geben, denn jeder Mulch wird langsam umgesetzt.

- Während der Verrottungszeit beschatten die organischen Stoffe den Boden, halten ihn feucht und verbessern somit die Bodengare.

Die Mulchdüngung wird immer beliebter, sie ist, konsequent angewandt, in der Lage, jede sonstige Zudüngung zu ersparen. Viele Landwirte gehen heute schon dazu über, zusätzlich zu dem eigenen Mulch auch Heu und Stroh dazuzukaufen, um dieses im ähnlichen Sinne direkt auf dem Boden verrotten zu lassen.

Wie mulchen Sie? Ganz einfach, indem Sie entweder mit dem hochgestellten Rasenmäher, oder, bei schwierigen Geländeverhältnissen, mit der Sense oder einem sogenannten Freischneider alles, was auf dem Rebgelände wächst, abschneiden und liegenlassen.

Sie mulchen etwa drei- bis viermal im Jahr, erstmalig wenn Gras und Unkraut etwa kniehoch sind und noch *keine Früchte oder Samen* gebildet haben, denn das ist die Zeit der höchsten Fruchtbarkeit des Grases. Voraussichtlich wird dies im Juni sein. Dieser erste Mulchschnitt sollte zusammengerecht und auf die Baumscheiben gelegt werden. Er zerfällt dort rasch, verhindert eine Gras- oder Unkrautansiedlung auf der Baumscheibe und hält Wurzelwerk auch an heißen Sommertagen feucht.

Die Kompostierung geht ganz von alleine mit Hilfe von Kleinlebewesen des Bodens vor sich.

Ein Hinweis jedoch: Ab und zu diesen Baumscheibenmulch mit der Grabegabel anheben, um festzustellen, ob sich nicht Mäuse dort angesiedelt haben. Die gehen nämlich gerne darunter.

Dann mähen Sie noch im Juli, evtl. auch noch im August und in jedem Fall vor der Ernte. Diese drei Schnitte bleiben auf der gesamten abgemähten Fläche liegen.

Mit Kompost und Mulch – der Regenwurm kommt schon von alleine – haben Sie die entscheidenden Voraussetzungen für kräftige Humusbildung und damit für einen gesunden, ertragreichen Boden erfüllt. Selbst auf bisher kargem Boden erreichen Sie durch diese Methode in drei bis fünf Jahren eine fruchtbare Muttererde, die dann Jahr für Jahr noch wertvoller wird. Das reiche, ungestörte Bodenleben ist es dann, das die Nährstoffe des Bodens aufschließt und pflanzenverfügbar macht.

Nur wenn Sie wissen, oder durch eine Bodenprobe festgestellt haben, daß Sie einen echten Nährstoffmangel in Ihrem Garten vorliegen haben, geben Sie käufliche organische Düngemittel zusätzlich. Bei Stickstoffmangel setzen Sie grobgekörnte Hornspäne und/oder

getrockneten Rinderdung ein. Frischen werden Sie kaum noch bekommen.
Bei Kalimangel verwenden Sie ein Kaligemisch, z.B. Thomaskali oder Kalimagnesia. Diese Kalidüngemittel sind industriell aufbereitete Mineraldünger natürlichen Ursprungs; leider gibt es keine kalireichen organischen Düngemittel. Andererseits ist es aber der Regenwurm, der das Kali Ihres Erdbodens aufschließen wird. Die Ansicht also, man müsse einem Weinberg stets Kali in großen Mengen zufügen, wie so oft in Fachbüchern erwähnt, halte ich für irrig. Man hat es in früheren Jahrhunderten ja auch nicht getan. Alte Weinberge sind aber schon Jahrhunderte alt und haben doch früher auch hervorragend getragen. In ihnen war aber der Regenwurm auch zu Hause, er wurde noch nicht durch Kunstdünger und Herbizide vertrieben.
Bei Phosphormangel wird Knochenmehl oder Algenphosphat gestreut.
Bei Kalkmangel verwendet man Algenkalk.
Immer aber wenden Sie Gesteinsmehl, nach Möglichkeit Vulkangesteinsmehl, in Ihrem Weinberg an – es wirkt wahre Wunder.
Alle diese Düngemittel sind, bis auf die erwähnten Kaliprodukte, der Natur entnommen, sie wirken langsam, schonend und stören das Bodenleben nicht.
Können Sie keine Bodenuntersuchung vornehmen und damit den echten Mangel eines Nährstoffes feststellen, glauben Sie aber trotzdem, daß Ihr Boden, auf dem nun schon viele Jahre etwas gepflanzt wurde, eine allgemeine zusätzliche Auffrischungsprise notwendig hätte, so nehmen Sie einen rein organischen Volldünger, der in einem recht ausgewogenen Verhältnisse Nährstoffe enthält.
Nur zur Pflanzung benötigen Sie zusätzlich noch etwas Torf zwecks Bodenauflockerung und guter Wasserhaltung.
Alle hier genannten Produkte erhalten Sie in jeder Samenhandlung, bei Ihrem Düngemittelhändler bzw. über den Versandhandel, Adressen unter 12.2.
Die Anwendung des Düngers ist in Kapitel 3 beschrieben, im übrigen finden Sie auf allen Verpackungen genaue Anwendungshinweise und Mengenangaben.

2.3.1. KOMPOSTBEREITUNG

Sie haben bereits einen Kompostplatz und kennen die Pflege des Kompostes? – Oder werfen Sie alles Verrottbare auf einen Haufen und betrachten das Ergebnis nach zwei bis drei Jahren als Kompost? Dann ändern Sie Ihre Vorstellungen, denn richtig hergestellter Kompost ist viel mehr, ist viel wertvoller. Mit Kompost gelingt Ihnen im Garten fast alles. Ohne ihn hat man es sehr schwer.
Unter Kompost verstehen wir das verrottete und mit Hilfe von Kleinlebewesen zu Humus umgebildete Material aller unserer pflanzlichen bzw. überhaupt verrottbaren Rückstände aus dem Garten und der Küche, gegebenenfalls noch vermischt mit Asche, Erde oder sonstwie gesammeltem Material.
Nicht auf einen Komposthaufen gehören unzerkleinerte Knochen, Fette und Öle aller Art, sowie selbstverständlich kein Plastik, Metall und Glas. Papier durchaus, aber nicht zu viel und nur in geknüllter Form, denn so bringt es Auflockerung und Luft in den Haufen. Alles sperrige Material, wie Zweige und dicke Wurzeln, wird klein gehackt, damit es sich mit dem sonstigen Material mischen läßt und schneller verrottet.
Der Kompost wird entweder im Silo bereitet, mit nicht über 2 m^2 Bodenfläche und nicht höher als 1,50 m. Der Silo wird aus Drahtgeflecht, Brettern oder Betonplatten errichtet, die mit Pfählen von außen abgestützt werden.Wichtig ist, daß stets Luft, viel Luft, von allen Seiten herankommt, also bei festem Baumaterial entsprechend Zwischenräume lassen. Im übrigen gibt es käufliche Kompostsilos in reicher Auswahl. Oder der Kompost wird, wenn Sie genügend Platz haben, als offener Haufen in Mietenform angelegt.
In jedem Fall muß der Kompost stets feucht, aber nicht naß gehalten werden. Er sollte von oben nicht austrocknen, man deckt ihn also mit alten Säcken oder einer Plastikplane (aus Polyäthylen, nicht PVC) Grasschnitt, Laub o.ä. zu.
Beim Aufsetzen des Haufens bzw. Füllen des Silos gewöhnen Sie sich an, nach jeweils etwa 15 cm Material einige Spaten voll Erde aus dem Garten, dazu ca. 500 g Steinmehl, auf der Oberfläche zu verteilen. Ist so Schicht für Schicht fertiggestellt, wird mit etwas Erde, Rasenschnitt, Blättern o.ä. abgedeckt. Die Miete bzw. der Silo ruht von nun an drei bis sechs Monate, je nach der Jahreszeit. Dann wird umgesetzt, das Material ruht noch einmal drei Monate – der Kompost ist verwendbar.

Er ist auch dann verwendbar, wenn sich noch nicht alles Material zu Humus verwandelt hat! Der jeweils *frische* Kompost soll auf unsere Beete, nicht etwa ein alter, abgelagerter, der schon viele Jahre in sich geruht hat, dieser ist längst nicht mehr so wertvoll.
Das Umstechen eines Komposthaufens können Sie sich unter Umständen ersparen, wenn Sie das grobe Material recht kleinhakken, alles intensiv mischen und zusätzlich einen der im Handel erhältlichen sogenannten Kompoststarter verwenden.
Geben Sie möglichst jedes Jahr auf die Pflanzenscheiben, d. h. also 1 m im Durchmesser um den Weinstock herum, ca. 1 cm hoch eine Kompostgabe – etwas Besseres können Sie für Pflanze und Boden nicht tun. Bis auf Steinmehl und Mulch können Sie dann alle weiteren Düngemittel vergessen.
Auch Sie werden feststellen, daß Ihre Pflanzen von Jahr zu Jahr immer weniger unter Pilzkrankheiten oder Insektenschäden zu leiden haben – sie werden, da sie kerngesund sind alleine mit diesen Plagen fertig.
Ich empfehle Ihnen, über dieses für Ihren ganzen Garten interessante Thema noch einige Spezialbücher zu lesen, die unter 12.1 genannt sind. Es lohnt sich wirklich!

2.3.2 STEINMEHL

Ich bin, sowohl für meinen Zier- als auch meinen Gemüsegarten, insbesondere aber für mein Weinfeld, ein immer stärkerer Anhänger des Steinmehles geworden. Warum? Nun, alle Erde ist einmal aus Steinen entstanden. Die besten Weine wachsen noch heute auf steinigen Untergründen. Was aber finden wir in unseren Gärten vor – doch überwiegend Kulturböden, oft über viele Jahrzehnte, wenn nicht noch viel länger, in wichtigen Mineralstoffen ausgelaugt.
Im Steinmehl finden wir aber alle Ursubstanzen in voller, unveränderter Form vor. Die Zusammensetzung ähnelt verblüffend derjenigen des berühmten Nilschlammes, besonders wenn es sich um sogenanntes Basaltmehl handelt, also Vulkangesteinsmehl.
Steinmehl ist kein Dünger. Es ist ein Bodenverbesserungsmittel. Es besitzt eine komplette Mischung fast aller Spurenelemente, es ist sozusagen ein Vitaminstoß für die Erde.
Steinmehl wirkt nicht spontan, sondern langsam. Eine diesjährige Zugabe hat erst in den darauffolgenden Jahren ihre volle Wirkung,

da die Nährstoffe des Steinmehles erst durch das Bodenleben, insbesondere durch den Regenwurm, aufgeschlossen und pflanzenverfügbar gemacht werden müssen. Die Wirkung aber ist überzeugend – in manchen Fällen verblüffend. Es ist auffällig, wie gesund die Pflanzen werden, um wieviel besser Obst und Gemüse schmekken und um wieviel grüner selbst das Blattwerk wirkt.
Steinmehl ist billig, im Verbrauch sehr sparsam, und ein »Zuviel« richtet niemals Schaden an. Steinmehl ist heute über viele Düngemittelhändler erhältlich. Bezugsquellen sind unter 12.2 genannt.

2.3.3 DER REGENWURM

Immer wieder kommt in diesem Buch der Hinweis auf den Regenwurm.
Es gibt ernsthafte Agrarwissenschaftler, die meinen, unsere Pflanzenwelt, von der wir alle leben, könne ohne den Regenwurm überhaupt nicht existieren. Mag das vielleicht auch übertrieben sein, fest steht aber, daß der mineralische Boden erst nach der Passage durch den Regenwurmdarm für die Pflanzen aufgeschlossen ist und seine Nährstoffe verfügbar werden. Der Ihnen allen bekannte dunkle Regenwurmkot ist nährstoffreich, etwas besseres gibt es für unsere Kulturpflanzen überhaupt nicht. Erde ohne Regenwürmer ist weitgehend steril, mit reichem Wurmbesatz aber in höchstem Maße fruchtbar, humos. Nur wenn Sie mit jedem Spatenstich zwei bis vier Regenwürmer hervorholen, ist der Boden Ihres Gartens wirklich gesund.
Wie erreichen Sie nun bei vorher schlechtem Untergrund diesen Idealzustand? Ganz einfach – konsequente Mulchwirtschaft, so daß der Wurm immer Nahrung und feuchten Boden hat. *Keine* frische Jauche und keinen Kunstdünger – da wandert er aus!
Jedes Herbizid und Fungizid vergiftet für den Regenwurm Gräser, Blätter und Pflanzen. Jedes Insektizid vergiftet ihn direkt.
Schon daraus ersehen wir, daß wir so wenig wie möglich mit chemischen Mitteln spritzen dürfen, um den normalen, natürlichen Zustand des Bodens wieder herzustellen.
Ich versichere Ihnen: Befolgen Sie die hier gegebenen Düngevorschriften, so haben Sie in wenigen Jahren wieder einen hohen Regenwurmbesatz und damit gesunden Boden.
Und wenn es mit dem Regenwurmbesatz schneller gehen soll, so

kauft man sich Würmer! Dieses insbesondere für den Komposthaufen, zumal die dort abgelegten Jungwürmer bzw. Wurmeier mit dem Kompost ja auch in den Garten kommen.
Es gibt eine alte Bauernweisheit, die sagt, daß eine Wiese soviel Kühe oberirdisch ernährt, wie das Gewicht der Kühe in Form von Regenwürmern in der Erde vorhanden ist.
Die Leistung unserer Regenwürmer ist erstaunlich. Sie erinnern an Heinzelmännchen mit Zauberkräften. Der Wurm ist bei der Arbeit ein Riese im Verhältnis zu seiner Größe, denn er verzehrt zusätzlich zu seiner Nahrung täglich die gleiche Menge Erde, wie er selber wiegt. In einem gut mit Regenwürmern besetzten Land von ca. 500 m^2 erzeugen die Regenwürmer etwa 3000 kg Regenwurmkot pro Jahr! Dieser Auswurf enthält *alles,* was Pflanzen brauchen, Nitrate, Phosphate, Kali usw., und das alles in einem Zustand, der für die Pflanzen optimal ist.
Ein frischer Regenwurmkot ist lt. einschlägigen Untersuchungen fünfmal reicher an löslichem Stickstoff, siebenmal reicher an löslichen Phosphaten, elfmal reicher an löslichem Kali, zweimal reicher an Magnesium und um ein Vielfaches reicher an allen Spurenelementen als die oberen 20 cm einer sehr guten Gartenerde.
Den Regenwurm kann man also mit Recht als eine Düngerfabrik des Gärtners empfehlen, seinen Auswurf als ein Konzentrat ohne Beispiel.
Dazu kommt noch, daß der Regenwurm die Erde auflockert und damit durchlüftet und – alle diese Arbeit kostenlos für uns verrichtet.
Literatur über den Regenwurm siehe Kapitel 12.2.
Sie sehen in diesen Hinweisen aber auch die Konsequenz meiner Düngemittelempfehlungen: Eines greift ins andere, der biologische Kreislauf wird geschlossen – nur Zeit und Geduld muß man mitbringen.
Noch einmal: Lassen wir den Boden in Ruhe, graben ihn nicht um, lassen wachsen, was will an Gräsern und Kräutern, geben noch Zusätze an Kompost, Steinmehl und ggf. organischen Düngemitteln – das ist der natürliche Weg, um zu fruchtbarer Erde zu kommen, die nun auch höher stehende Pflanzen, wie unseren Wein, richtig ernährt.
Alte Bauern wußten um diesen Kreislauf, sie erzwangen niemals einen künstlich hochgetriebenen Ertrag. Erst unsere technisierte Welt, die mit reinem Ertragsdenken auch den Kontakt zum Boden verloren hat und heute Massenerträge erzwingen will, hat, wie ich

meine auf Kosten künftiger Generationen, auf Kosten unserer Pflanzen und auf Kosten unserer Gesundheit einen anderen Weg eingeschlagen – es ist ein Irrweg. Beginnen wir doch in unserem eigenen Garten damit, gesunde Verhältnisse wieder herzustellen.

2.4 DIE BODENBEDECKUNG

Dieses Stichwort tauchte oft in diesem Buch auf. In Ihrem Rebgarten sollten Sie versuchen, waldbodenartige Zustände zu erreichen. Es darf dort also wachsen, was will. Je bunter und vielfältiger der Bodenwuchs – umso besser, umso sicherer verhindern sie eine Pflanzenmonokultur. War zuvor der Boden brachgelegen, so pflanzen Sie grundsätzlich Klee an, weil Klee in einer schier unglaublichen Weise ausgelaugten Kulturboden wieder gesunden läßt und ihn gleichzeitig mit Stickstoff versorgt. Reine Klee-Einsaat wird sich immer nur eine kurze Zeit, ca. ein bis zwei Jahre halten, sie verschwindet dann nach und nach zu Gunsten der bodenständigeren Pflanzenauswahl. Das soll Ihnen gleich sein, die zuvor übertragene Aufgabe wurde voll erfüllt.
Für den Wein gibt es eine Reihe besonders rebfreundlicher Unterpflanzen, die ihn im Wachstum noch fördern können. Dazu gehören u.a. alle Leguminosenarten, beispielsweise Erbsen, Wicken, Klee, es gehören aber auch dazu Sauerampfer, Senf, Rettiche, Erdbeeren und viele Grasarten. Es schadet gar nichts, wenn sich also in Ihrem Garten beispielsweise die wilde Gartenwicke kräftig ausbreitet, im Gegenteil, sie versorgt Ihren Boden reichlich mit Stickstoff.
Andererseits gibt es aber auch Pflanzen, die man als rebfeindliche bezeichnen muß. Es sind dies u.a. Knöterich, Franzosenkraut, Schafgarbe, Meerrettich, Winde, Lauch, Zwiebeln, Wegericharten und den Löwenzahn.
Zumindest sollten Sie versuchen, die hier aufgeführten Pflanzen kleinzuhalten, d.h. schon recht frühzeitig im Jahr zu mähen. Es handelt sich vorwiegend um Tiefwurzler, die unseren Weinpflanzen zuviel Kraft von den Wurzeln abziehen.
Der berühmte österreichische Weinbauer Lenz-Moser hat in seinem Buch »Weinbau einmal anders« (siehe 12. 1) die rebholden und die rebfeindlichen Pflanzen exakt beschrieben. Ihm ist zu danken für manche neue Erkenntnis im Zusammenleben der Pflanzen.
Zu den rebfeindlichen Pflanzen ist aber auch festzustellen, daß sie

auch zur Fruchtbarkeit unseres Bodens beitragen können. Nur überhandnehmen dürfen sie eben nicht. Löwenzahn z. B. kann mit seiner tiefreichenden Wurzel sehr viele Nährstoffe von der Oberfläche nach unten transportieren – sticht man also den Löwenzahn im Laufe des Sommers aus, so ist die verrottende Wurzel höchst nützlich! Nur – ein Weinstock in einem Löwenzahnfeld, das stört eben.
Hat nun diese ganze Bodenbedeckung und die darauf aufbauende Mulchwirtschaft nur Vorteile? Das wäre zu schön. 700 bis 800 mm Niederschlag, ob natürlich oder künstlich durch Beregnung, ist das mindeste, was an Feuchtigkeit auf den Boden kommen muß, denn sonst würden die Bedeckungspflanzen der Weinwurzel zuviel Wasser entnehmen. In unserem Hausgarten sicherlich kein Problem, wir sprengen eben dazu. Hinzu kommt noch, daß in den ersten zwei bis drei Jahren, d. h. bis der Nährstoffkreislauf geschlossen ist, auch die Bodenpflanzen von der Bodenfruchtbarkeit zehren, d. h. zwei bis drei Jahre muß zugedüngt werden, durch Humus oder durch sonstigen organischen Dünger. Dieser wird durch die Bodenpflanzen sehr schnell verdaut, der Mulch wird umso wertvoller.
Als drittes kommt hinzu, daß durch einen Bodenbewuchs die Erde etwas kühler wird, sie kann ja weniger Sonnenwärme aufnehmen. Im Hinblick auf die gesteigerte Fruchtbarkeit nehmen wir aber diese negative Wirkung durchaus in Kauf, auch wenn sie uns vielleicht ein paar Öxlegrade kostet. Ferner halten sich unter dem Mulch und besonders in den Baumscheiben gerne Mäuse auf. Im Hausgarten kein Problem – wir kontrollieren ab und zu.
Alles in allem also: Die Vorteile des Unterbewuchses und der überlegten Mulchwirtschaft sind so erstaunlich, daß es für uns eigentlich gar keine Alternative gibt. Denn diese hieße ja: Umgraben, Hacken das ganze Jahr über, Bodenverdichtung durch Regen, Bodenabschwemmung bei Gewittern, Schmutz an den Schuhen, wesentlich geringere Bodenfruchtbarkeit, weniger Regenwürmer und – wir hätten wieder eine Monokultur mit ihren vielen schädlichen Einflüssen.
In Fachbüchern heißt es da und dort, daß Unterbewuchs Pilzkrankheiten im Wein fördere. Nach meinen Erfahrungen ist das Gegenteil der Fall. Die Überwinterungsformen dieser Pilze befinden sich auf dem Boden. Bei nackter Erde werden sie mit dem Spritzern des ersten Schlagregens wieder auf die Weinpflanzen transportiert. Ein Grasboden frißt aber die Sporen geradezu auf, ein Hochspritzen ist gar nicht möglich, eine Vermehrung dieser Schädlinge im Gras findet kaum statt.

Ich selber konnte in nebeneinanderstehenden Kontrollreihen immer wieder feststellen: Pilzkrankheiten kommen auf Weinpflanzen, die auf nacktem Boden stehen, viel häufiger und in stärkerem Maße vor, als auf Pflanzen, die in einer kräftigen, bunten, vielfältigen Unterkultur wachsen.

KAPITEL 3

Die ersten drei Jahre

3.1 DIE PFLANZUNG UND DER SCHNITT IM ERSTEN JAHR

Die ersten drei Jahre sind für unsere Weinkinder so wichtig, wie die ersten 15 Jahre für Menschenkinder. In dieser Zeit verlangt man noch nichts, sie dürfen wachsen, werden aber doch behutsam erzogen, auf daß sie später nach unseren Vorstellungen weiterwachsen und uns viele Jahre Freude bringen. Die Sorgfalt beim Pflanzen und in der »Erziehung« der jungen Stöcke zahlt sich später aus.
Die Pflanzen sind angekommen, die Pflanzlöcher gegraben, die Pflanzstäbe hineingesteckt. Die Jahreszeit? Sie können von November bis in den Mai hinein pflanzen. Ich selber bevorzuge den Monat März, da eine Junganlage, die zu einem Zeitpunkt vom Herbst bis Februar in den Boden gebracht wird, bei sehr strengem Winter doch der Gefahr des Erfrierens unterliegt. Dagegen steht allerdings, daß sich die Wurzeln der Herbstpflanzung besser mit dem Boden verbinden, so daß im nächsten Frühjahr und Sommer weniger gegossen werden muß.
Bei Pflanzungen während der Monate März bis Mai muß man besonders sorgfältig angießen und evtl. noch bis in den Juli hinein ab und zu wässern.
Pflanzen Sie ohne Hast und nicht unter Zeitdruck – auch dann schaffen sie 4 bis 5 Weinreben pro Stunde.
Zunächst wird der Boden des Pflanzloches mit einem Spaten noch einmal handtief aufgelockert.
Dann streuen Sie eine Handvoll organischen Düngers oder grobe Hornspäne hinein und mischen sie gut mit dem lockeren Erdreich. Keinen Kunstdünger, keinen Guano oder sonstige Düngemittel – die

Wurzeln könnten sich daran verbrennen. Nun füllen Sie einen Garteneimer halb mit Torfmull, machen diesen patschnaß (!) und mischen Humuserde hinein bis der Eimer voll ist. Diese Mischung kommt auf den Boden des Pflanzloches.
Jetzt befreien Sie die Reben aus ihrer Kartonage- oder Topfumhüllung, indem Sie diese vorsichtig aufschneiden, so daß der Wurzelballen unbeschädigt erhalten bleibt. Die Pflanze wird mit Ballen so eingesetzt, daß die Veredelungsstelle ca. 5 cm – eine Fingerlänge – *über* dem späteren Bodenniveau liegt.

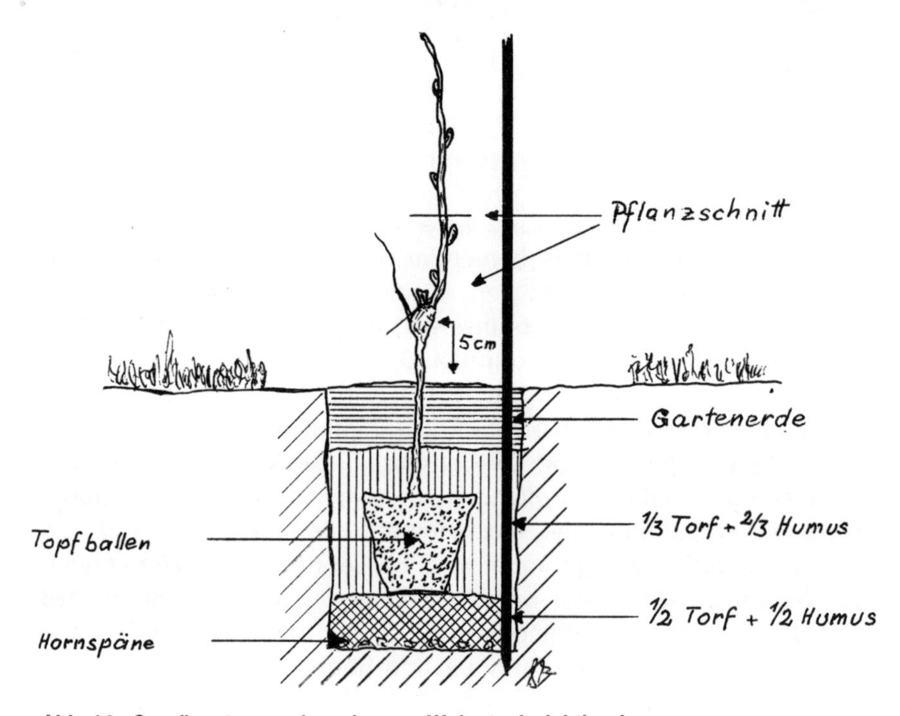

Abb. 14: So pflanzt man einen jungen Weinstock richtig ein.

Ein zweiter Eimer mit etwa 1/3 Torfmull und 2/3 Humus, gut gemischt, wird nun um den Wurzelballen herumgefüllt und leicht angedrückt. Jetzt wird kräftig gewässert. 5 Liter Wasser sollte jedes Pflanzloch bekommen. Anschließend wird mit der ausgehobenen Erde das Pflanzloch bis zum Bodenniveau hin aufgefüllt. Der Rest des Aushubes wird auf der Baumscheibe verteilt.

Pflanzen Sie im Herbst, so verwenden Sie den übriggebliebenen Erdaushub dazu, die Jungpflanze bis über die Veredelungsstelle damit zuzudecken. Dieser Erdkegel wird erst nach den Frühjahrsfrösten des nächsten Jahres entfernt.
Sie sehen, worauf es ankommt: Unter der Pflanze sollen die nach unten strebenden Wurzeln lockeren Boden vorfinden, und seitlich des Ballens sollen sich ebenfalls die Wurzeln leicht ausbreiten können. Sie finden dank des Humus reichlich Nahrung vor, der Torf hält auf längere Zeit das Pflanzloch feucht und locker.
Was tun, wenn der Erdballen der Reben einmal abbröckelt und Sie nur noch Wurzeln in der Hand halten? Sie verfahren ähnlich, gießen aber in der Wurzelregion besonders sorgfältig an und drücken hier die Erde etwas kräftiger fest. Dann geht es weiter wie oben beschrieben.
Und wie ist es, wenn Sie keine Topfreben sondern sogenannte Pflanzreben erhalten? Dann verfahren Sie wie vor, beschneiden aber die Hauptwurzeln etwas, damit sie angeregt werden, rasch neue Triebe zu bilden.
Die junge Pflanze ist jetzt reichlich mit Nahrung versorgt, sie streuen keinerlei Dünger mehr auf die Pflanzscheibe.
Haben Sie im Herbst gepflanzt, so lassen Sie die oberirdischen Triebe in Ruhe, es wird nichts abgeschnitten. Erst im Frühjahr werden, gleich ob bei Herbst- oder Frühjahrspflanzung, und zwar erst dann, wenn die Knospen anfangen dicker zu werden, die Jungpflanzen beschnitten.

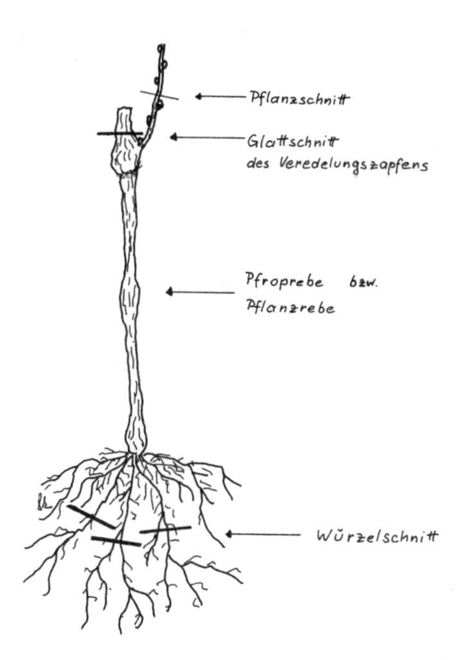

Abb. 15: Sofern keine Topfreben verwendet werden, muß ein Wurzelschnitt zusammen mit dem Pflanzschnitt vorgenommen werden.

Bei diesem ersten Schnitt lassen Sie in jedem Fall nur einen Trieb stehen, und dieser wird auf zwei Knospen, zukünftig Augen genannt, abgeschnitten. Diese Regel gilt für alle Jungpflanzen, gleich ob Sie sie als Pflanzreben, als Topf- oder Kartonagereben erhalten haben, gleich ob sie ein- oder zweijährig sind und auch gleich, ob sie vielleicht schon einen Trieb von 1 m Länge besitzen. *Nur* dieser Pflanzschnitt sichert Ihnen einen sicheren Anwuchs, kräftigen Austrieb und einen klaren Pflanzenaufbau!
Befürchten Sie im Mai Nachtfröste, so bedecken Sie die jungen Pflanzen nachtsüber mit einer Tüte oder einem Zeitungshut (können Sie es noch?), der jedoch am Tage wieder entfernt wird.
Im Laufe der Vegetation werden sich zwei, möglicherweise drei Triebe entwickeln, die ein sehr starkes Wachstum entfalten. Sie können schon im ersten Jahr bis zu 2 m lang werden. Binden Sie sie gemeinsam, jedoch locker, an dem Pflanzstock fest, so daß sie gerade nach oben wachsen. Es sollte alle 15 cm eine Heftung erfolgen. Sofern schon Träubchen kommen, werden diese abgeschnitten.
Die Baumscheibe halten Sie unkrautfrei und offen, in Trockenzeiten wird gegossen.
Ein Spritzen gegen Insekten oder Pilzkrankheiten wird im ersten Jahr kaum nötig sein. Sollten sich jedoch Blattkrankheiten zeigen, muß gespritzt werden und zwar im ersten Jahr mit chemischen Mitteln! Eine einmal begonnene Spritzung muß dann etwa 14tägig, bis längstens vierwöchig die Saison über fortgesetzt werden. Bei den noch kleinen Pflanzen genügt dabei ein Handsprüher.
Liegt Ihr Weingarten in Waldnähe, am Rande einer Siedlung, so daß Hasen zu befürchten sind, so ummanteln Sie die jungen Pflanzen etwa 50 cm hoch mit einem Hasengitter.
Mehr ist im ersten Pflanzjahr nicht zu tun – die Erstellung des Drahtrahmens hat ja bereits genug Arbeit gekostet.

3.2 DAS ZWEITE JAHR

Jetzt kommt das zweite Jahr. Der Winter ist vorbei, ab Ende Februar brauchen wir mit starken, anhaltenden Frösten nicht mehr zu rechnen, die jungen Weinstöckchen können jetzt bereits beschnitten werden.

Sie haben drei Schnittmöglichkeiten, die sich je nach der Entwicklung des Vorjahres ergeben.

1. Der junge Stock, d.h. seine zwei bis drei Triebe, sind im vergangenen Jahr nur etwa 50 bis 70 cm gewachsen, er ist also etwas zurückgeblieben. In diesem Falle bleibt nur die kräftigste Rebe stehen, sie wird erneut auf *zwei* Augen zurückgeschnitten, alle sonstigen Reben werden sauber am Stamm entfernt. Der Weinstock bekommt eine Triebdüngung aus organischem Volldünger oder auch getrocknetem Kuhmist auf seine Baumscheibe; die Baumscheibe darf keinesfalls durch Unterbewuchs zuwuchern, sie wird nach dem ersten Mulchschnitt sauber mit dem Mulch bedeckt.

2. Die Triebe des Vorjahres, Reben nennen wir sie bekanntlich in diesem Jahr, sind normal gewachsen und etwa 1 m bis 1,50 m hoch geworden.

In diesem Falle lassen Sie die kräftigste Rebe stehen und schneiden sie so ab, daß das letzte Auge knapp *unter* dem Biegedraht bleibt. Auch jetzt werden alle anderen Reben und kleinen Triebe abgeschnitten.

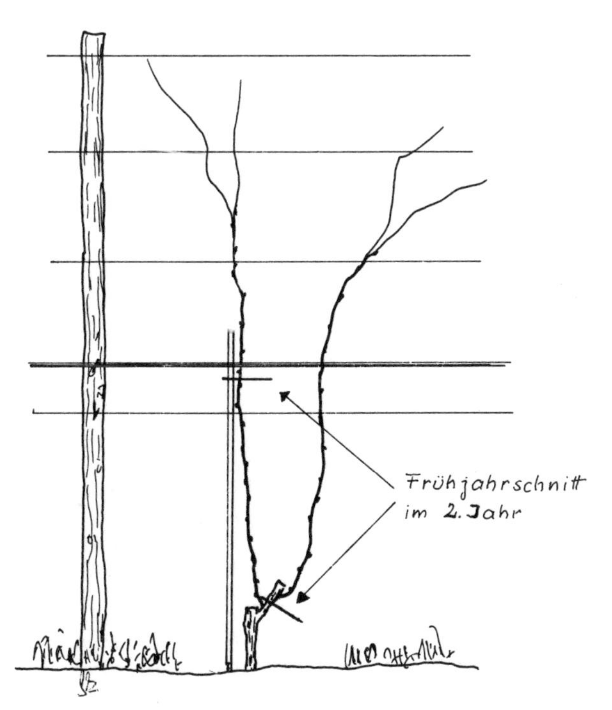

Abb. 16: Der Frühjahrschnitt im zweiten Standjahr, nur der zukünftige Stamm wird als Rebe stehengelassen.

Sie haben nun ein kleines, gerades Stämmchen mit ca. 8 bis 12 Augen. Im Juni werden diese zu treiben beginnen. Sind die jungen, grünen Triebe ca. 3 cm lang, brechen Sie sie von *unten* beginnend, im Abstand pro Trieb von etwa einer Woche, diese direkt am Stamm ab. Es werden so viel junge Triebe entfernt, daß nur die vier obersten, die auch zugleich die kräftigsten sind, stehen bleiben.
Diese werden jetzt kräftig wachsen, vielleicht wird sich hier und da sogar eine kleine Traube bilden. *Eine* Traube pro Stock dürfen Sie hängenlassen, weitere werden abgeschnitten.
Die vier jungen Triebe, die Sie stehengelassen haben, werden im Laufe der Vegetationszeit links und rechts am Biegedraht durch lockeres Anbinden befestigt. Vorsicht bei den noch jungen, grünen Trieben, sie brechen sehr leicht ab.
Die Baumscheibe bekommt nur noch wenig Triebdünger und in jedem Falle Mulch ab Juni. Steinmehl zweimal, im März und August, jeweils ca. 200 g auf die Baumscheibe.
3. Die Vorjahrstriebe sind länger als 1,50 m, sie sind außerordentlich kräftig ausgebildet.
In diesem Falle können Sie schon im zweiten Jahr mit dem Biegen anfangen.

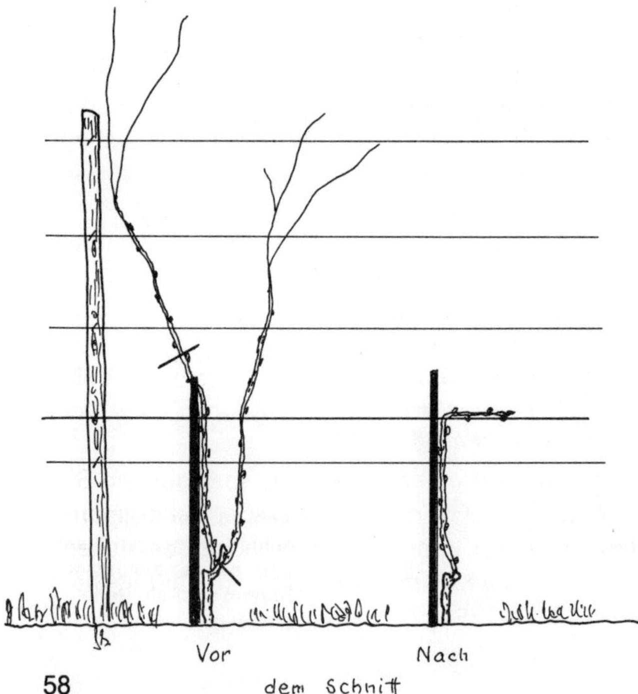

Abb. 17: Frühjahrsschnitt im zweiten Standjahr bei besonders kräftigen Weinstöcken – es kann schon auf den Biegedraht umgebogen werden.

Die kräftigste Rebe wird belassen, alle anderen abgeschnitten. Sie wird am Biegedraht scharf nach rechts oder links angebogen und *auf* dem Biegedraht angeheftet.
Dieses Biegen nehmen Sie keinesfalls bei Frostwetter vor; wenn die Pflanze noch kalt ist, besteht die Gefahr, daß die Rebe abbricht. Biegen Sie langsam, legen Sie Ihre geschlossene Hand dorthin, wo die 90°-Biegung erfolgt, als Schutz vor einem Bruch.
Diese umgebogene Rebe ist besonders wichtig, denn sie bildet schon ein Schenkelholz des jungen Weinstockes.
Sie wird so beschnitten, daß ca. vier Augen in der waagerechten Position stehen bleiben. Die unterhalb des Biegedrahtes stehenden Augen bleiben selbstverständlich auch erhalten, möglicherweise benötigen wir sie im kommenden Jahr zu Ersatzzwecken.
Die Rebe binden Sie in jedem Fall *auf* den Biegedraht und wickeln sie auch nicht herum.
Kommen nun im Laufe des Vegetationsjahres aus den Stämmchen unterhalb der abgebogenen Rebe junge Triebe hervor, so werden sie jeweils, wenn sie 1 bis 2 cm lang aus der Knospe herausgekommen sind, abgebrochen. Nur 2 bis 3 der obersten Triebe bleiben stehen, aus ihnen wird im nächsten Jahr der zweite Schenkel gebildet, bzw. sie sind Ersatzreben.
Der Stamm bleibt sauber. Achten Sie durch entsprechendes Anbinden am Pfahl darauf, daß er schön gerade bleibt.
Diese dritte Variation, bei der ja der junge Weinstock bereits im Vorjahr so ungewöhnlich gewachsen ist, bekommt keinen neuen Triebdünger mehr, gut wäre es, wenn Sie die Baumscheibe mit Humus versorgen könnten; Mulch selbstverständlich wie beschrieben, Steinmehl zwei Gaben zu je ca. 200 g im März und August.
Dieser junge Weinstock darf im zweiten Jahr schon zwei Trauben behalten, alle übrigen werden abgeschnitten.
Im zweiten Standjahr wird der Wuchs der jungen Triebe sehr üppig sein. Lassen Sie sie wachsen – ausgebrochen wird gar nichts. Fortlaufend wird jedoch so angeheftet, daß die einzelnen Triebe nicht übereinanderstehen, sich nicht kreuzen, sondern locker und luftig im Drahtgerüst aufgehängt sind.
Kommen keine extremen Wetterbedingungen vor, so brauchen Sie sich vermutlich um Insekten oder Pilzkrankheiten nicht zu kümmern; nur wenn Sie Schäden, wie unter Kapitel 7 beschrieben, feststellen, muß gespritzt werden, und zwar wie im ersten Jahr mit chemischen Spritzmitteln.

Auch wenn es lange trocken und heiß sein sollte, wird es kaum nötig sein, die Pflanzen zu bewässern, das Wurzelwerk ist im allgemeinen im zweiten Jahr schon kräftig entwickelt und tief genug, so daß es die Pflanze versorgen kann.
Achten Sie ab zweitem Standjahr *und in allen Folgejahren* darauf, daß sich nicht im feuchten Mulch, oder durch Anhäufelung von zu viel Humus um den Stamm herum, Edelreiswurzeln an der Veredelungsstelle bilden, die dann nach unten in die Erde hineinwachsen. Solche Edelreiswurzeln können sehr stark werden, so daß mit den Jahren sogar die Wurzeln der Unterlage eingehen. In einem solchen Fall hätten Sie dann keine reblausfesten Weinstöcke mehr! Edelreiswurzeln werden am Stamm glatt abgeschnitten.
Mit diesen Hinweisen erledigt sich auch die Arbeit des zweiten Jahres – vielleicht können Sie schon im Herbst ein erstes »Erntefest« feiern. Zum eigenen Wein wird es allerdings zu wenig sein, mehr als 10 kg sollten Sie aus dem Musterfeld nicht herausholen wollen.

3.3 DAS DRITTE JAHR

Im dritten Standjahr werden sich die »Spätzünder« vermutlich ebenfalls gemäß Position 2 oder 3 des zweiten Standjahres entwickelt haben. Sie werden nun genauso geschnitten und gebogen, wie unter Pos. 3 des zweiten Standjahres beschrieben.
Die im Vorjahr schon kräftigen Weinstöckchen, die gemäß Pos. 3 behandelt wurden, werden im dritten Jahr schon fast wie Erwachsene behandelt. An dem Schenkel werden sich je etwa 4 bis 5 Reben entwickelt haben. Hiervon wird eine ausgesucht, und zwar nach folgenden Kriterien:
a) Sie sollte so dicht wie möglich zum Stamm hin stehen.
b) Sie sollte *oben* auf der vorjährigen Rebe stehen.
c) Sie muß kräftig entwickelt sein.
d) Das Holz sollte schön braun, d.h. ausgereift sein.
e) Die Zwischenräume zwischen den einzelnen Augen, die sogenannten Internodien, sollten nicht extrem weit, sondern möglichst dicht stehen, denn das sind die fruchtbarsten Reben.
Sie werden selten finden, daß alle diese Forderungen auf einer ausgewählten Rebe erfüllt werden – suchen Sie dann eine solche aus, bei der mindestens die Positionen a, c und d erfüllt sind.
Eine solche Rebe wird jetzt auf acht Augen angeschnitten und

waagerecht auf dem Biegedraht oder in einem leichten, nach unten führenden Bogen am unteren Heftdraht angeheftet. Wenn diese Rebe oben auf dem Vorjahrestrieb stand, wird sie an der Anwuchsstelle zum alten Trieb niemals ausbrechen. Stand sie aber seitlich oder sogar unten, so müßen Sie beim Biegen aufpassen; lieber diese Rebe dann noch etwa zwei bis drei Augen auf dem Biegedraht belassen, dort anheften und dann erst nach unten abbiegen – sie wird sonst gerne am Stamm abreißen.
Aus der letzten Rebe, die aus dem Stamm herauskam, entwickeln Sie nun den zweiten Ast, indem sie um 90° gebogen und auf dem Bindedraht befestigt wird. Auch hier werden acht Augen in der waagerechten beziehungsweise im leichten Bogen nach unten führenden Position belassen.
Sie haben an diesem Weinstock jetzt zwei Fruchtreben mit je acht Augen, aus denen sich also insgesamt 16 Triebe entwickeln werden, bei denen ganz sicher an ca. zehn Trieben dann auch Blüte und Frucht entstehen werden. Bei diesen sehr kräftigen Stöcken kann die Frucht des dritten Jahres bereits zur Hälfte stehenbleiben, so daß sie ca. fünf Trauben vom Stock ernten. Will er noch mehr tragen, so

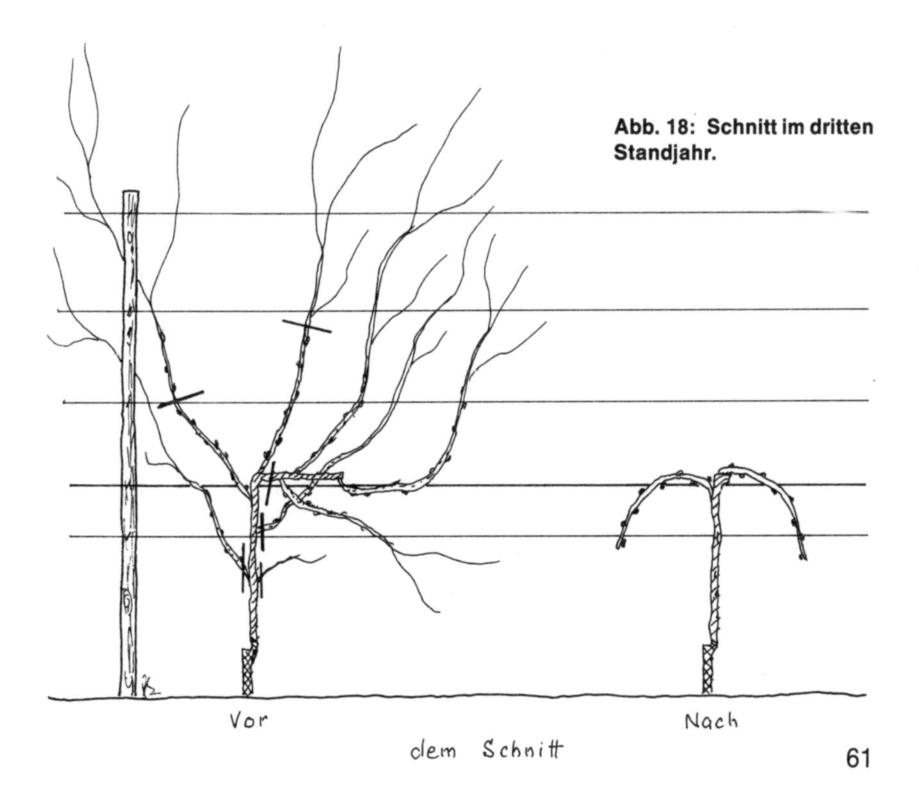

Abb. 18: Schnitt im dritten Standjahr.

schneiden Sie ab, denn wir wollen ihn ja im dritten Jahr noch nicht überfordern.
Es ist jetzt bereits zu sagen, daß die schwächeren Reben, die Sie so behandelt haben wie die starken Reben im zweiten Standjahr, im drauffolgenden vierten Jahr so behandelt werden wie die starken Reben im dritten Standjahr. Unsere Spätzünder sind also, zumindest in den ersten drei bis vier Jahren immer um ein Jahr zurück – haben dann aber mit Sicherheit den Anschluß gefunden. Der Stamm wird bei allen Weinstöcken grundsätzlich saubergehalten. Hier herauskommende Triebe werden also so früh wie möglich abgestreift.
Estmalig taucht im dritten Jahr wohl die Frage auf: Wohin mit den abgeschnittenen Reben?
Sie kommen entweder auf den Kompost, oder aber Sie zerschnippeln sie zu etwa fingerlangen Stückchen direkt im Weinfeld. Der Schnitt bleibt einfach liegen. Ic h bevorzuge diese Methode, denn sie hat mehrere Vorzüge:

- Die zerkleinerten Rebstückchen dienen der Bodenauflockerung, und zwar egal, ob sie auf der Baumscheibe, auf den Wegen oder einfach im Gras liegen bleiben.
- Bevor sie ganz verrottet sind – immerhin dauert dies ein bis zwei Jahre – beschatten sie den Boden, dienen aber gleichzeitig als Nahrung für das Bodenleben.
- Die Reben enthalten besonders viel Kali – ein Nährstoff, den die Weinpflanze stark benötigt.
  Lasse ich sie also im Weingarten, so bin ich sicher, daß dieses Kali durch den natürlichen Kreislauf wieder zurückgeführt wird.

Ich halte das Zerschneiden an Ort und Stelle für arbeitssparender, als das Ausräumen dieser Reben aus dem Weingarten und das Kleinschneiden für den Komposthaufen.
In diesem dritten Standjahr dürften Sie insgesamt schon mit einem Ertrag von ca. 200 g pro m^2 Bodenfläche rechnen, mithin 100 kg insgesamt. Also schon genug, um mal etwas zur Weinbereitung abzuzweigen.
Als Düngung verwenden Sie im dritten Standjahr nach Möglichkeit nur noch den selbsterzeugten Kompost und Mulch, wie nun schon so oft gesagt. Steinmehl wie üblich. Im dritten Jahr aber sollte einmal der gesamte Weingarten damit bestreut werden, ca. 200 g/m^2 = 100 kg für das Musterfeld, und zwar im Frühjahr. Diese Gabe reicht für zwei Jahre.
Nur wenn Sie das Gefühl haben, daß Ihre jungen Weinstöckchen

nicht so richtig freudig wachsen, die Blätter nicht das gewünschte satte Grün aufweisen, dann geben Sie im Laufe des Vegetationsjahres noch einmal einen Triebdünger dazu, bestehend aus rein organischem Volldünger, Hornspänen oder getrocknetem Rinderdung.
Im dritten Jahr wird zumindest ein Teil Ihrer Reben so stark austreiben, daß die Frage des Ausdünnens während der Sommervegetation auf Sie zukommt. Auch das Anheften bzw. Beschneiden der jungen Triebe wird notwendig sein, denn sie können bis zu 4 m und länger werden! Bitte, lesen Sie Näheres hierzu in Kapital 6.
Letztlich wird im dritten Jahr nun der reguläre Pflanzenschutz einsetzen müssen, unsere jungen Stöckchen sind fast erwachsen. Wenden Sie hier bitte voll die Empfehlungen an, die ich in Kapitel 7 ausführlich beschrieben habe.
Nach dem dritten Jahr haben Sie wohl einen »erwachsenen« Weingarten, von jetzt an geht es voll auf Ertrag. Entsprechend sind die zukünftigen Schnitt- und Pflegearbeiten einzurichten.
Ob in diesen Anfangsjahren oder auch später: Immer wieder müssen Sie damit rechnen, daß der eine oder andere Stock einfach eingeht. Das Kränkeln fängt schon im Sommer an, die Blätter werden etwas gelb, sie fallen früher ab, oft trägt ein solcher Stock noch abnorm viel Trauben bei sehr schwachem Triebwuchs. Handelt es sich um einen Einzelstock, so suchen Sie den Fehler nicht bei sich, markieren Sie diese Pflanze und ersetzen Sie sie im Frühjahr durch eine neue. Rechnen Sie damit, daß von Ihren 99 Weinstöcken in jedem Vegetationsjahr ein bis drei nachgepflanzt werden müssen.
Ist aber eine Reihe nebeneinanderliegender Stöcke am Eingehen, dann kann es natürlich an den Bodenverhältnissen, an Wühlmäusen oder am besonders starken Krankheitsbefall liegen. Die Ursache sollten Sie erforschen, bevor eine Neuanpflanzung erfolgt. Einiges werden Sie aus Kapitel 7 herauslesen – wenn nicht, nehmen Sie eine ganze Pflanze heraus, nehmen Sie vielleicht auch etwas Boden mit, gehen einmal zum Züchter, es kann sein, daß er die falsche Unterlage für Ihren Garten gewählt hat. Auch Pflanzenschutzämter oder die Pflanzenschutzberater, die es überall in Deutschland gibt und deren Adressen Sie im Telefonbuch finden, werden Ihnen vielleicht Auskunft erteilen können.

KAPITEL 4

Die Erziehung des Weinstockes

Bevor ich zu den Schnittmethoden komme, einige Worte über die sogenannte Reberziehung. Das Verblüffende ist nämlich, daß Sie die Weinpflanze so erziehen können, wie Sie es gerne wollen, wie Sie es schön finden, für zweckmäßig erachten. Sie wird bei sonst richtiger Pflege stets Ihren Wünschen folgen. Es liegt also an Ihnen, ob Sie aus einem jungen Stöckchen ein Hausspalier machen, es im Weinfeld auf einen Drahtrahmen ziehen, oder ob Sie die Pflanze klein halten, indem man sie lediglich um einen einzelnen Stock herumranken läßt. Diese sogenannten Haupterziehungsarten möchte ich nachfolgend kurz beschreiben.

4.1 DAS HAUSSPALIER

Alle von mir genannten Rebsorten eignen sich auch hervorragend für die Erziehung zum Hausspalier, da sie sehr wuchskräftig sind und jede Schnittform willig mitmachen. Ein solches Spalier rundherum ums Haus, am Balkongitter, oder wo man es sonst gerne sehen möchte, ist etwas Gemütliches, wirkt so schön altmodisch, und es lohnt sich immer! Voraussetzung ist, daß in der richtigen Höhe von ca. 3 m am Haus ein kräftiger Draht gespannt werden kann, der etwa 20 cm Abstand von der Hauswand haben sollte. Eine gute Verankerung im Mauerwerk ist notwendig, da ja im Laufe des Jahres erhebliche Gewichte daran zu hängen kommen.
Jetzt zieht man einfach an einer geeigneten Stelle einen Stock senkrecht hoch bis zu diesem Tragedraht, biegt dann die Reben darauf um und läßt nun Jahr für Jahr das Spalier immer ein Stück

Abb. 19: Ein frisch geschnittenes »zweistöckiges« Hausspalier.

länger wachsen, bis schließlich das ganze Haus umrankt ist.
Bei jeweils kurzem Schnitt der Reben auf zwei bis drei Augen und einer Entfernung der so entstehenden Zapfen von ca. 40 cm untereinander ist reiche Frucht zu erwarten. Da Blattwerk und auch Trauben weit von der Erde entfernt sind, haben Sie mit Pilzerkrankungen kaum zu rechnen. Sie können also auf ungespritzte Trauben hoffen, die dann auch vorwiegend zum Verzehr genommen werden. (Wissen Sie eigentlich, daß Weintrauben, in einem frostfreien, luftigen Raum locker hängend z.B. auf einer Schnur aufgereiht, bis in den Februar hinein genießbar bleiben?)
Kurz, wenn Sie es mit dem Platz einrichten können, so pflanzen Sie außer dem Weingarten auch ein Hausspalier.

4.2 DER EINZELSTOCK

An der Mosel, im Rheingau, in der Schweiz und in Südfrankreich überwiegt noch die Einzelstockerziehung. Aber auch in anderen

Regionen halten manche Weinbauern, insbesondere ältere, noch zäh an dieser früher weit verbreiteten Erziehungsform fest. Erst nach und nach weicht sie der modernen Drahtrahmenerziehung. Im Verhältnis zu dieser braucht der Einzelstock mehr Pflege und Aufmerksamkeit, besonders aber auch mehr Arbeit in der Sommerzeit. Der Maschineneinsatz ist nicht möglich, die Handarbeit herrscht vor. Da die Stöcke eng stehen und das Blattwerk dicht ist, sind auch die Krankheitsgefahren erhöht. Ernte sowie Schnittarbeiten sind mühevoller.

Meine Meinung: Wenn wir in unserem Hausgarten hier und da ein Fleckchen frei haben, kann durchaus ein Einzelstock gepflanzt werden, wenn wir aber einen kleinen Weingarten anlegen, dann verzichten wir darauf und nehmen den modernen Drahtrahmen.

4.3 DIE RAHMENERZIEHUNG

Der sogenannte Drahtrahmen hat sich aus dem früheren Holzrahmenbau entwickelt. Da Holz immer teurer, Draht hingegen billiger wurde, wandte man sich diesem neuen Material zu. Der Drahtrahmen ist die heute zu empfehlende Methode, dem Weinstock, der ja Unterstützung braucht, den richtigen Halt zu geben. (Als wilde Pflanze rankt sie sich an Bäumen hoch und findet dort ihren Halt, in Süditalien kann man das heute noch beobachten.)

Auch für den Drahtrahmen gibt es landschaftlich bedingte, erhebliche Unterschiede. Beginnend vom niederen Rahmenbau, bei dem der Biegedraht nur 50 cm über der Erde liegt, bis hin zur sogenannten »Lenz-Moser-Erziehung« mit 1,35 m Biegedrahthöhe, findet man alle möglichen Varianten und stets neue Versuche. Jede hat selbstverständlich ihre Vor- aber auch Nachteile. Allen gemeinsam ist, daß die Schling- und Kletterpflanze »Wein« beim Drahtrahmen einfach optimale Lebensbedingungen vorfindet. Die Erziehung, der Schnitt und die Ernte sind leicht, überschaubar und lassen sich nach den persönlichen Wünschen des Winzers und heute auch noch nach den maschinellen Erfordernissen bestens gestalten.

Dazu kommt, daß ein Drahtrahmen lange hält, wenig Pflege bracht und kostengünstig zu erstellen ist.

Fast jeder Weinbauer hat »seinen« Drahtrahmen entwickelt. Der eine höher, der andere tiefer, dieser mit einfachen, jener mit beidseitigen Heftdrähten, der eine schwört auf diese Spannvorrichtung, der

andere auf eine selbsterfundene – usw. usw.
Natürlich bin ich nach vielen Versuchen ebenfalls davon überzeugt, daß für den Hausgarten der in Kapital 2 empfohlene Rahmen der sinnvollste, preiswerteste ist und auch die praktischste Lösung darstellt.
Halten Sie sich an diese Empfehlung zumindest solange, bis Sie Vor- und Nachteile – die hat er natürlich auch – kennen und nun eigene Verbesserungen anbringen.
Der Sinn dieses Buches wäre ja verfehlt, wenn ich Ihnen, ähnlich wie viele Fachbücher, gleich eine Reihe von Möglichkeiten aufzeige und Ihnen die Entscheidung überlasse. Also: Verbessern macht Spaß, kommt aber erst später.

KAPITEL 5

Der Rebschnitt

Jede noch so gute Bodenpflege, liebevolle Pflanzung und die schönste Anlage ist sinnlos, wenn die Technik des Rebschnittes nicht beherrscht wird. Denn gerade hier kommen Mitdenken, Vorausdenken und Pflanzenkenntnis zusammen, wenn alles stimmen soll. Schematik oder Zwang führt beim Weinstock genauso wenig zum Erfolg, wie Zagheit und Angst, zuviel abzuschneiden.
Rebschnitt ist Verstand *und* Gefühl – und er ist erlernbar. Kein Meister aber ist vom Himmel gefallen, zwei bis drei Jahre gebe ich auch dem Tüchtigsten, bis er ihn richtig beherrscht. Solange schadet es doch gar nichts, wenn man mit dem Buch in der einen Hand, der Schere in der anderen zunächst *jeden einzelnen* Schnitt sorgfältig überlegt. Der Weinstock ist großzügig! Er verzeiht Ihnen fast jeden Fehler, wenn auch nicht im laufenden, sondern erst in den nächsten Jahren.
Zum Schneiden lassen Sie sich viel Zeit, denn es ist, so meine ich, eine schöpferische und damit schöne Arbeit.
Sie müssen auf mindestens zwei Jahre vorausdenken, Sie lernen jeden einzelnen Stock individuell kennen – und es verschafft ein gut geschnittener, sauber dastehender Weingarten eine gewisse Befriedigung.
Ich gehe beim Schneiden so vor, daß ich mir jeden Stock zunächst gründlich anschaue und kontrolliere, ob mein Schnitt im Vorjahr richtig war; das erkenne ich ganz leicht daran, ob der Weinstock meinen Wünschen folgte, oder ich mich besser nach ihm richten muß; nun überlege ich sorgfältig, wo ich in diesem Jahr die Schere ansetze.
Welche Rebe schneide ich zum Fruchten an? Welche nehme ich als

Ersatztriebe? Wieviel Augen bleiben stehen? Muß altes Holzwerk zwecks Verjüngung weg? Ziehe ich gar aus dem Stamm neue Triebe heraus? Wie wird es im nächsten Jahr weitergehen? Das sind die Fragen, die ich mir stellen muß.

5.1 GERÄTE UND TECHNIK DES SCHNEIDENS

Zunächst einmal brauchen Sie eine *gute* Schere. Gut ist nur die Schere, die *in Ihre Hand* paßt! Nicht der Scherentyp allein entscheidet, sondern die Handlichkeit. Probieren Sie deshalb solange herum, bis Sie ein passendes Modell gefunden haben. Es werden meist die kleineren Scheren mit kurzen Schneiden und einem geringen Spreizwinkel sein. Sie reichen aus, denn die Weintriebe sind ja nicht besonders dick oder hart. Bevorzugen Sie ferner den klassisch-altmodischen Typ der sogenannten Rosenschere mit einem Messer und einer Hilfsschneide. Die modernen Scheren mit nur einem Messer und einem Druckbalken, wie z.B. vom Typ der Löweschere, schneiden zwar sehr leicht, machen aber auch einseitig sehr starke Quetschwunden, die dann schlecht verheilen.
Ich habe in meinem Weingarten zwei Idealscheren – eine steinalte Bauernschere, die ich mir in einem kleinen Dorf in Tirol gekauft habe, die so wunderbar handlich ist und in Tirol eigens für Frauenhände hergestellt wird; desweiteren die schweizerische »Felke-Schere«, Typ Nr. 6 mit auswechselbaren Klingen.
Die Schere soll viele Jahre halten, seien Sie deshalb wählerisch und sparen Sie beim Einkauf nicht.
Ferner benötigen Sie in späteren Jahren eine kleine, *engzahnige* Baumsäge. Hier gibt es praktische Taschenmodelle zum Zusammenklappen – sie reichen vollkommen aus.
Ein gutes Baumwachs gehört auch noch dazu, denn alle größeren Wunden, insbesondere Sägeschnitte, werden sorgfältig verstrichen.
Wann wird geschnitten? Niemals während des Frostes! Ich schneide erst ab Ende Februar bis Ende März, wenn der Winter wirklich vorbei ist. Wenn Sie es zeitlich einrichten können, schneiden Sie in der Periode des zunehmenden Mondes. Sie lächeln? – Habe ich auch getan. Und doch ist an dieser alten Bauernregel etwas dran, denn inzwischen hat auch die heutige Wissenschaft bewiesen, daß die stehengebliebenen Augen aus dieser Schnittzeit sicherer austreiben, als wenn man bei abnehmendem Mond schneidet. Erklärun-

gen? Es gibt viele Dinge, die wir uns noch nicht erklären können, ohne daß sie deshalb falsch sind. Es ist eben eine Erfahrungstatsache.
Wie wird geschnitten? Stets 1 bis 1,5 cm über dem betreffenden Auge mit einem *geraden* Schnitt.

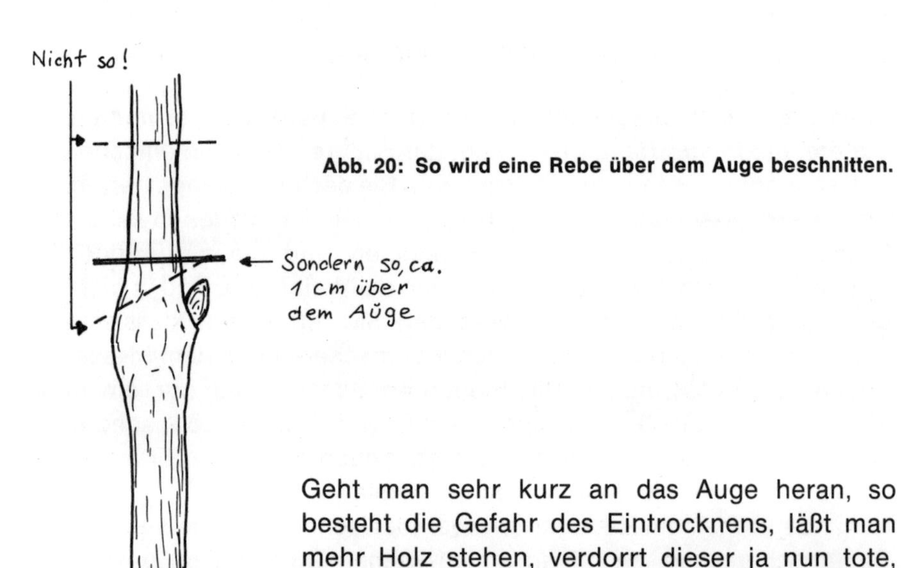

Abb. 20: So wird eine Rebe über dem Auge beschnitten.

Geht man sehr kurz an das Auge heran, so besteht die Gefahr des Eintrocknens, läßt man mehr Holz stehen, verdorrt dieser ja nun tote, vom Saftstrom nicht mehr erreichbare Zapfen, und es können dort Krankheiten hineinkommen. Schneidet man nicht auf ein bestimmtes Auge, sondern will eine ganze Rebe am Stamm entfernen, so wird keinesfalls unmittelbar am Stamm abgeschnitten bzw. abgesägt, sondern man wählt den sogenannten Astring.
Dies ist eine kleine, ringförmige Umwallung der Rebe, 2 bis 3 mm vom Stammaustritt entfernt. Dieser Astring bleibt stehen, direkt dahinter wird abgeschnitten. So schließt und überwallt die Wunde besser.

Trieb aus altem Holz

Hier schneiden

Altes Holz

Abb. 21: So wird ein Trieb abgeschnitten, der aus dem alten Holz herauswächst.

Am Sommertrieb, der eingekürzt werden soll, wird nur geschnitten, wenn er schon dick oder angeholzt ist. Und dann wiederum stets 1 bis 1,5 cm über einer Blattgabelung.
Ein noch grüner Sommertrieb dagegen wird *gebrochen*. Man klemmt hierzu den Blattknoten zwischen Daumen und Mittelglied des Zeigefingers ein und reißt mit einem kurzen Ruck den darüberstehenden Trieb über den Daumennagel oder über den Finger hin ab. Es gibt nur einen kurzen Knacks, und der Trieb bricht genau an einer Saftstaustelle, so daß eine sehr schnelle Verheilung gewährleistet ist.

Abb. 22: Junge diesjährige Triebe werden nicht geschnitten, sondern am Knoten mit einem Ruck abgebrochen.

Immer aber gilt: Schneiden Sie sauber und überlegt, schnippeln Sie nicht! Viele kleine Wunden sind schlechter für den Weinstock, als großzügige Wegnahme alten Holzes, das doch in irgendeinem Jahr fallen muß. Jeder Schnitt ist eine Wunde, sie muß wieder verheilen, Saftströme müssen umgeleitet werden, kurz, Sie verletzen stets etwas den Stock. Tun wir es daher so, daß der Schaden möglichst kleingehalten wird.
An den meisten Schnittwunden, zumindest aber an den Rebenden, wird der Weinstock noch vor der Austriebszeit kräftig »bluten«. Verhindern können Sie es nicht, es schadet auch nichts. Achten Sie nur darauf, daß dieser Pflanzensaft nicht dauernd auf das letzte Auge der Rebe läuft, denn dieses »ertrinkt« sonst und treibt nicht mehr aus.

Ist es nicht möglich, die Rebspitze nach unten zu biegen, so befestige ich gerne unmittelbar unterhalb der Schnittstelle einen kleinen Bindedraht, der den Pflanzensaft abfängt und ableitet.

Abb. 23: Ein Bindedraht verhindert, daß der Rebsaft ein unter der Schnittstelle liegendes Auge »ertrinken« läßt. Der Saft wird abgeleitet.

Besonders wichtig ist dies, wenn ich die Reben sowieso sehr kurz, d.h. auf zwei bis drei Augen, geschnitten habe, von denen mir das oberste keinesfalls ertrinken darf, da es ja Frucht bringen soll.

5.2 ÜBER REBENAUSWAHL UND AUGENZAHL

Immer wieder gibt es Hobbygärtner, die können es einfach nicht – sie säbeln in schöner Regelmäßigkeit die Frucht des kommenden Jahres ab, weil sie sich nicht die Mühe machen, zu lernen und hinzusehen. Eine geringe Ernte, aber viel Holz ist dann das Ergebnis. Beim Weinbau gibt es eine Reihe sehr klarer Regeln, die man beherrschen muß, um keine Fehler zu machen.
Prägen Sie sich bitte ein:

- Grundsätzlich werden nur Reben ausgewählt, die gut verholzt über den Winter gekommen sind, d.h. sie müssen bis zur Spitze hin gleichmäßig hellbraun sein. Alles grüne, halbgare Zeug wird entfernt.

- Alle *bleistiftstarken* Reben mit engstehenden, deutlich sichtbaren, kräftigen Augen und möglichst kurzen Internodien (Zwischenräume zwischen den Augen) sind besonders fruchtbar.
  Alle dicken Reben mit weit auseinanderstehenden, kleinen Augen dagegen, bringen kaum Frucht, erzeugen aber viel Holz! Diese dicken Reben werden entfernt, oder, wenn sie an einer besonders günstigen Stelle *auf* dem alten Holz stehen, auf zwei Augen zurückgeschnitten, damit die hier herauskommenden Triebe uns für die folgenden Jahre zur Verfügung stehen.
- Alle kleinen, dünnen Rebchen bringen auch nur ebensolche Frucht – weg damit, sie sind auch nicht geeignet, uns zum Stockaufbau in den nächsten Jahren dienlich zu sein.

Wie erkennen Sie nun, ob ein Zweig »dick« oder »dünn« ist, ob Internodien lang oder kurz sind, die Knospen kräftig oder auch klein? *Nur durch den Vergleich am Stock!*
Grundsätzlich sehen natürlich schon die einzelnen Weinsorten recht verschieden aus, der Vergleich unter den hier genannten Kriterien kann aber auch bei der gleichen Sorte noch von Stock zu Stock durchaus verschieden sein. Schauen Sie sich also den Stock, den Sie gerade schneiden wollen, sorgfältig an – der Unterschied fällt Ihnen *sichtbar* auf.
Was tun bei schlecht stehenden Reben? Es ist oft ein Kreuz – die schönsten Fruchtreben stehen so gerne ungeeignet, d.h. sie wachsen nach unten oder zur Seite, statt, wie ideal, nach oben heraus. Dient eine solche nach unten wachsende Rebe *zugleich* der Astverlängerung, dann wird sie sowieso auf dem Draht festgebunden, und man kann sie verwenden. Ist das aber nicht der Fall, so besteht immer die Gefahr, daß sie bei Sturm oder unter der Traubenlast später abbricht. Nur wenn ich sonst keine Fruchtreben mehr habe, lasse ich sie stehen, binde sie aber mit Draht fest, so daß sie nicht abbricht. Sonst aber lieber gleich weg damit. Denn immer noch gilt die Regel, daß beim Schnitt auf Frucht *und* Formierung gleichermaßen geachtet werden muß. Tun Sie das nicht, haben Sie sonst in kurzer Zeit ein völlig durcheinanderwachsendes, altes Holz, Ihr Weinstock sieht scheußlich aus.
Jeder Schnitt stellt also immer eine Entscheidung dar. Mein Rat: Achten Sie zumindest während der ersten fünf bis sechs Jahre etwas mehr auf Formgebung als auf Ertrag. Später haben Sie dann soviel Reben und sich selber soviel Fruchtholz heranziehen können, daß Sie stets genügend Auswahl haben.

Die zweite wichtige Regel, die Sie sich einprägen müssen, betrifft die Anzahl der Augen, die Sie stehenlassen. Was kann Ihr Weinstock verkraften, welches Verhältnis von Frucht und Wachstum ist zu wählen? Diese außerordentlich wichtige Frage wird von den meisten Hobbywinzern viel zu wenig beachtet, und sie lassen, ähnlich wie bei den Rosen, zu viel Triebe stehen und überfordern in ganz kurzer Zeit damit den Stock.
Dabei ist es so einfach, denn es gibt eine Faustregel, die Sie immer beherzigen müssen: *Zehn Augen pro Quadratmeter Standfläche*.
Die Anzahl der Augen pro Stock wird *gezählt*, nicht geschätzt. Es handelt sich dabei um *alle Augen*, ganz gleich, ob sie an kurzen oder langen Reben stehen, und Sie zählen auch das meist nicht sichtbare Auge am Ansatz der Rebe vom alten Holz her mit. Man nennt es das Achselauge. Das heißt also: Statt beispielsweise neun sichtbaren Augen zählen Sie grundsätzlich zehn.

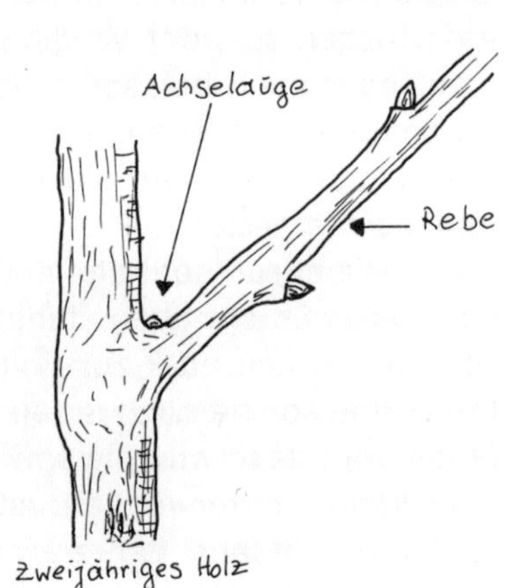

Abb. 24: Ein Achselauge ist immer vorhanden, auch wenn es mitunter kaum zu sehen ist.

In unserem Musterfeld, in dem jeder Stock über eine Standfläche von 6,25 m^2 verfügt, lassen Sie also, wenn Ihr Weinstock ab dem dritten Jahr voll entwickelt ist, *insgesamt* 62 Augen stehen (Natürlich können es auch 60 oder mal 70 sein, das ist nicht so erheblich).
Würden Sie aber so viel Reben wegschneiden, daß beispielsweise nur 30 Augen übrigbleiben, wird dieser Stock im Laufe der Vegetation übermäßig viel neues Holz und lange Triebe bilden, hingegen die Frucht vernachlässigen. Er will ja das Abgeschnittene wieder auffüllen!
Lassen Sie aber 90 oder noch mehr Augen auf entsprechend mehr

Reben stehen, so wird er sich überfruchten, die Trauben bleiben klein, haben wenig Zucker, denn er kann sie gar nicht richtig ernähren. Dieser Stock wird mit Sicherheit in den nächsten Jahren kümmern, auch wenn Sie noch soviel düngen würden. Was Sie also in einem Jahr herausholten, geht Ihnen später wieder verloren.
Die Faustregel »Zehn Augen pro m²« ist die Norm. Selbstverständlich gibt es auch Unterschiede in den einzelnen Rebsorten. Qualitätsweinbauern schneiden beispielsweise etwas weniger an, Massenerzeuger dafür mehr – aber das bewegt sich alles in den engen Grenzen zwischen acht bis zwölf Augen pro m². Beherzigen Sie meine Empfehlung, so erleben Sie keine Enttäuschung.
Zusammengefaßt also: Egal, ob Sie an einer einzelnen Rebe viele Augen stehenlassen, d.h. also »lang« schneiden, oder ob Sie diese Rebe bis auf zwei Augen abschneiden, d.h. also sie »kurz« anschneiden – nicht die Länge oder Kürze des Triebes ist wichtig, sondern die Gesamtzahl der Augen des Stockes, und zwar einschließlich der oft nicht sichbaren Achselaugen.
Und noch eine dritte, außerordentlich wichtige Regel ist zu erlernen. Es handelt sich um eine Weinstockspezialität, ja man kann sogar sagen Kuriosität, die zunächst etwas schwer eingeht. Sie lautet:

> »Wein fruchtet auf einjährigem Holz,
> welches auf zweijährigem Holze steht.«

Ich will diese Regel, deren Anwendung unumgänglich ist, an einem Beispiel verdeutlichen: Im vergangenen Jahr hatten Sie, mitten aus dem Stamm kommend, einen frischen, grünen Trieb. Er wurde im Herbst braun, jetzt während der Schnittzeit ist er zu der von uns so bezeichneten »Rebe« geworden. Er hat auch die richtige Dicke, steht ideal, alles ist in Ordnung. Also, denken Sie, den nehme ich. Können Sie auch – nur wird er Ihnen keine Trauben, sondern lauter neue, grüne Triebe bringen! Also abschneiden? – Aber nein. Diese Rebe ist jetzt einjähriges Holz, welches auf *altem* Holz steht. Denken wir uns ein Jahr weiter. Aus den grünen Trieben, die in diesem Jahr aus der Rebe wachsen, sind im nächsten Jahr Reben geworden, und *diese* sind dann fruchtbar.
Wenn Sie es nicht verstanden haben, so vergleichen Sie noch einmal die nachfolgenden Zeichnungen. Es ist nämlich wirklich wichtig, daß Sie diese Schnittregel beherrschen und *immer* anwenden – sonst bekommen Sie vorwiegend schöne Blätter.

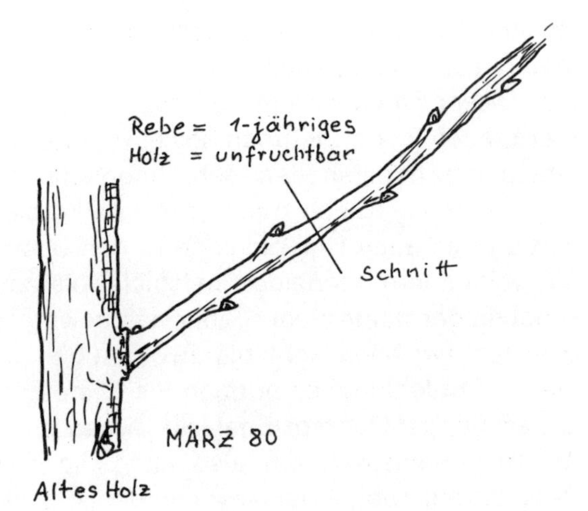

Abb. 25a–d: Dreijährige Schnittfolge für den Zapfenschnitt.

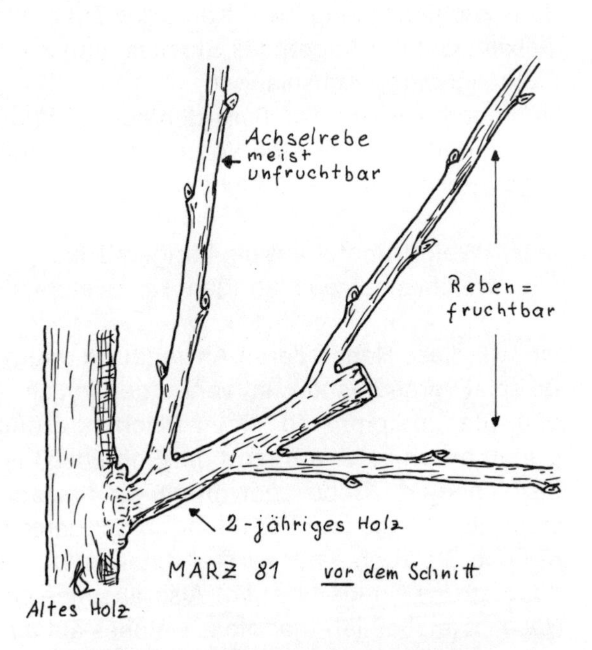

So wie es die Bilder zeigen, geht es nun jedes Jahr weiter. Man nennt dieses Verfahren den *Zapfenschnitt*. Geachtet wird immer darauf, daß das jeweilige zweijährige Holz möglichst dicht am Stamm bleibt, denn sonst werden die Zapfen lang und immer länger, bis man sie nach einigen Jahren einmal ganz entfernen muß, was stets eine große Wunde hinterläßt.

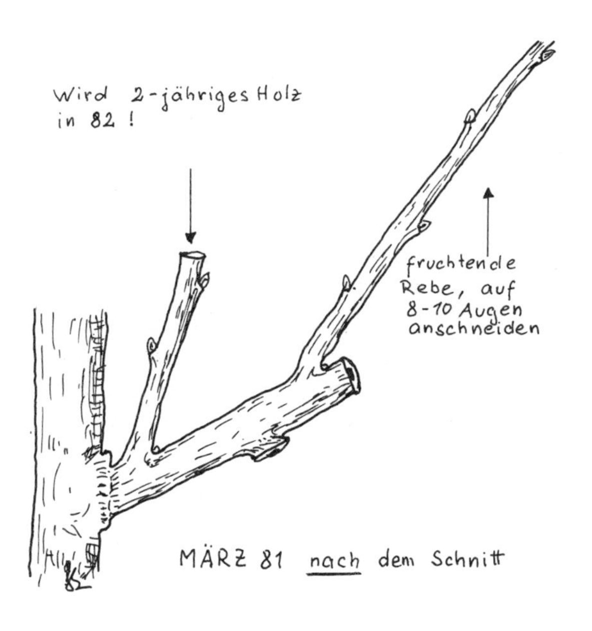

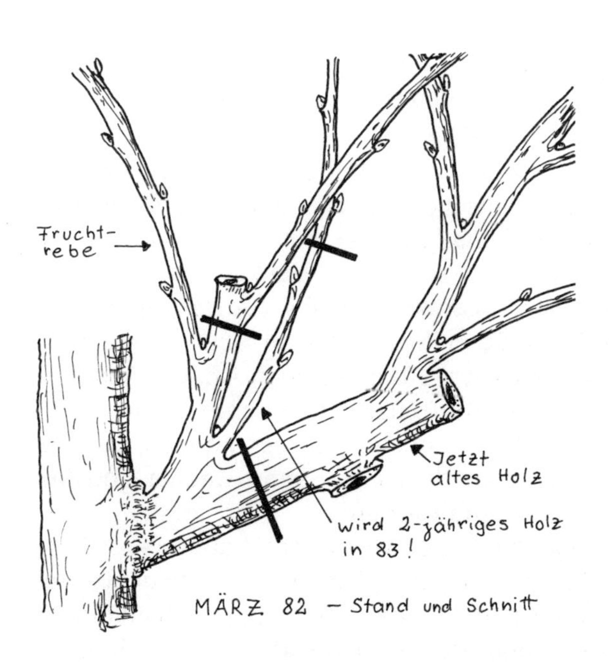

Neben diesem Zapfenschnitt zur Erziehung des stets zweijährigen Holzes kann man nun auch alternativ den sogenannten *Wechsel-*

schnitt anwenden. Im Prinzip ist es das gleiche. Stets muß für zweijähriges Holz gesorgt werden, nur daß man bei dieser Methode das ein- und zweijährige Holz nicht am gleichen Zapfen hervorholt, sondern daß man wechselt. Die nebenstehende Bilderfolge erklärt es Ihnen.
Der Unterschied dieses Wechselschnittes zum Zapfenschnitt besteht darin, daß ich hier das ganze abgetragene Holz *einschließlich* der zweijährigen Unterlage abschneide und ständig neues Fruchtholz *möglichst dicht* am Stamm heranziehe. Man kann sich dieses Verfahren nur dank der enormen Fruchtbarkeit des Weinstockes erlauben, da immer wieder sogenannte »schlafende Augen« aus altem Holz ausbrechen und neue Triebe bringen, die wir dann zu zweijährigem Holz heranziehen können.
Einen Vor- oder Nachteil dieser beiden Methoden gibt es im Grunde nicht – wenn man jedoch beide Schnittarten beherrscht und anwendet, hat man mehr Auswahlmöglichkeiten. Beim Wechselschnitt ist darauf zu achten, ob die angeschnittenen Fruchtruten auch wirklich Frucht bringen – manche Sorten fruchten nicht gerne am ersten Trieb, dann macht man eben den zweiten zum Fruchttrieb.
Eine besondere Schwierigkeit beim Wechseln vom Zapfen- auf den Wechselschnitt und umgekehrt gibt es eigentlich nicht, insbesondere kann man die Triebe kaum verwechseln – man muß nur hinschauen: Einjähriges Holz, also die Rebe des derzeitigen Vegetationsjahres, ist immer hellbraun. Zweijähriges Holz ist silbergraubraun, es zeigen sich hier bereits die ersten markanten Rindenmerkmale, wie leichte Runzelung. Dreijähriges Holz dagegen, das wir immer »altes Holz« nennen, ist schmutzig dunkelbraun und hat schon eine ausgeprägte Rindenstruktur, bis hin zur Bastbildung.
Sie wenden also ruhig beide Schnittmethoden an, auch auf demselben Stock, unter Umständen sogar auf demselben Ast. Die Auswahl in den Schnittmethoden dient dazu, daß die anderen, weiter oben genannten wichtigen Kriterien eingehalten werden können, daß Sie stets Holz vorfinden, das *oben* auf dem alten Stamm wächst, und daß die Zapfen niemals zu alt, zu lang werden.
Kompliziert? Nur so lange, bis Sie es verstanden haben. Mein Vorschlag daher: Mit der Zapfenmethode anfangen, nach zwei bis drei Jahren mal hin und wieder einen jungen Trieb zum nächstjährigen Wechselschnitt benutzen und sich so langsam in diese Materie einarbeiten. Nehmen Sie ruhig die beiden obenstehenden Bilderfolgen beim Schneiden zur Hand – Sie werden es schon verstehen.

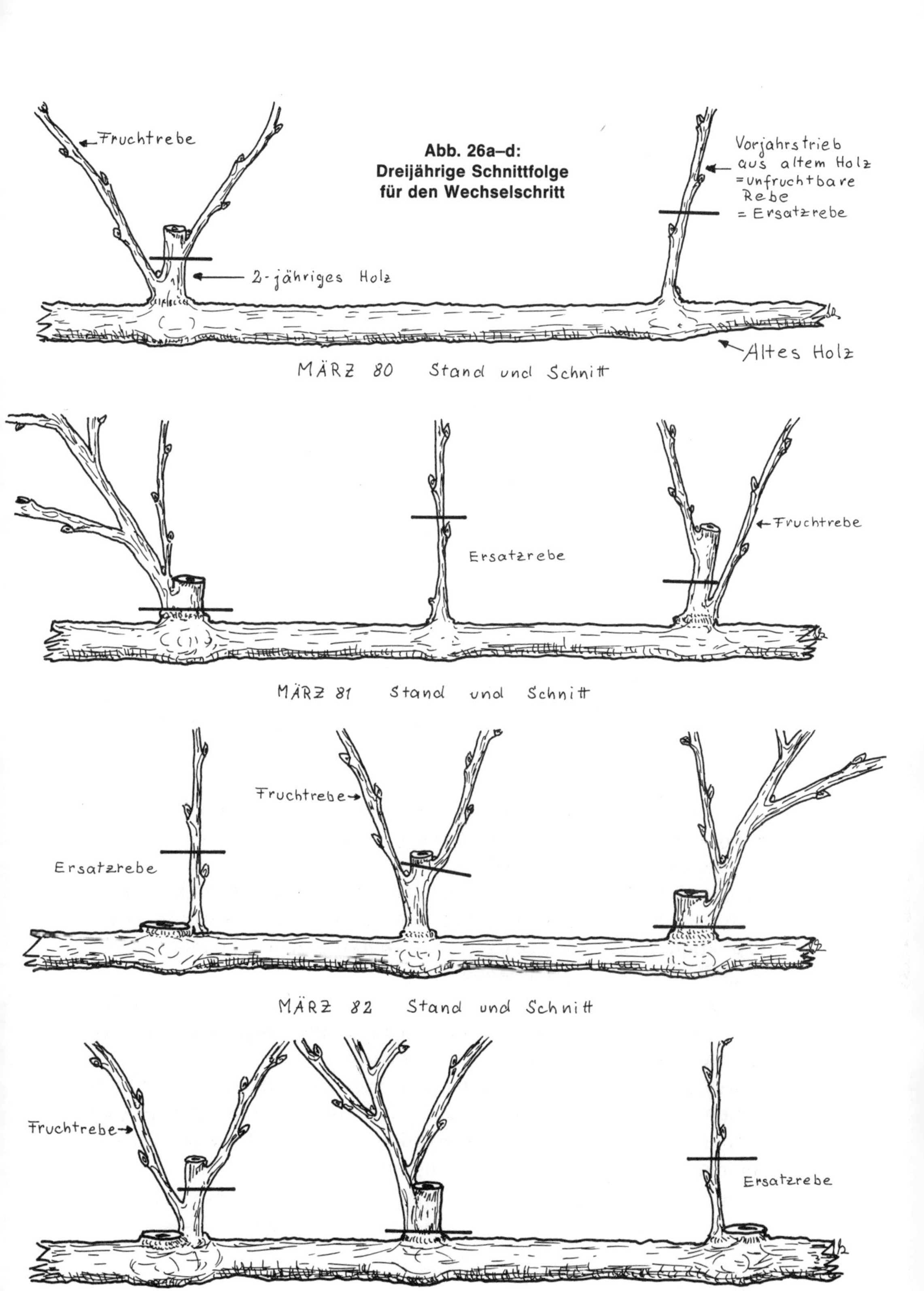

Abb. 26a–d: Dreijährige Schnittfolge für den Wechselschnitt

5.3 DER SCHNITT DES HAUSSPALIERES

Bis jetzt haben wir die Schnittgrundsätze besprochen, nun kommen wir zu den *Schnittarten*. Daß die vielen unterschiedlichen Weinsorten eine jeweils auch besondere Schnittart bevorzugen, können Sie vorerst vergessen. Die Ihnen empfohlenen Sorten vertragen jede Schnittart und können auch alle gleich geschnitten werden.
Analog der in Kapitel 4 genannten verschiedenen Reberziehungen – Hausspalier, Einzelstock und Rahmenerziehung – nenne ich Ihnen die unterschiedlichen Schnitte.
Das Hausspalier oder eine am Balkon gezogene Weinrebe bekommt immer einen sogenannten Kordonschnitt. Es wird stets und ausschließlich der Zapfenschnitt angewendet. Je nach Zapfenabstand schneiden Sie auf zwei Augen, wenn diese nur 20 bis 30 cm auseinanderstehen, und auf drei Augen, wenn sie 30 bis 40 cm voneinander entfernt sind. Denken Sie immer daran, daß aus der Achsel der Rebe auch noch ein Trieb herauskommt, der aber in der Regel unfruchtbar ist. Gerade dieser Trieb ist es aber, den ich dann *im nächsten Jahr* wieder auf zwei bis drei sichtbare Augen anschneide. So bleibt der Schnittkreislauf geschlossen, und die Zapfen bleiben immer stets dicht beim Stamm. Drehen Sie die Bilderfolge 25 a–d um 90° nach links, so haben Sie den Zapfenschnitt am waagerechten Ast.
Mit dieser Schnittform erhalten Sie auf dem Kordon einen schönen, gleichmäßigen Besatz. Kommt ab und zu an einer passenden Stelle ein neuer Trieb aus altem Holz, können Sie ja überlegen, ob Sie hieraus wieder einen neuen Zapfen formieren oder ihn entfernen. Entfernen Sie ihn keinesfalls im Sommer, d.h. also in der Vegetationszeit, sie berauben sich sonst der Wahlmöglichkeit im kommenden Frühjahr. Nur solche Triebe, die wirklich nicht verwendet werden können, weil sie z.B. nach unten herauswachsen, werden in der Vegetationszeit ausgebrochen.
Ein solch neuer Trieb wird immer verwendet, wenn ein daneben stehender Zapfen sehr alt und entsprechend lang geworden ist, damit »wechseln« Sie dann schon wieder.
Zur Verlängerung des Kordons, am Ende also, läßt man natürlich einen schönen langen Trieb stehen, der etwa neun bis zwölf Augen haben sollte. Dieses setzt man von Jahr zu Jahr fort, bis das Spalier einmal die von Ihnen gewünschte Länge erreicht hat.

5.4 DER SCHNITT DES EINZELSTOCKES

Wenn auch für einen Hausgarten die Drahtanlage bevorzugt wird: vielleicht haben Sie hier oder da noch ein Fleckchen, auf dem ein Einzelstock gedeihen könnte. Eventuell pflanzen Sie hier auch mal eine andere Rebsorte, um zu erfahren, wie diese in Ihrem Garten wächst.

Es wird ausschließlich der Zapfenschnitt angewendet, und stets bleiben beim Zapfen von der unteren Rebe zwei Augen stehen, während die obere zu einem Ganzbogen mit etwa 12 bis 15 Augen im Kreis herumgebunden wird.

Die Praxis geht so vor sich:

Im ersten Jahr darf die Pflanze wachsen. Im zweiten Jahr schneiden Sie die junge Rebe ca. 50 cm über dem Boden ab. Nun darf sie wieder wachsen. Die jungen Triebe heften Sie jeweils locker um den etwa 2 m langen Pflanzstock herum an. Im dritten Frühjahr sieht der Stock so aus:

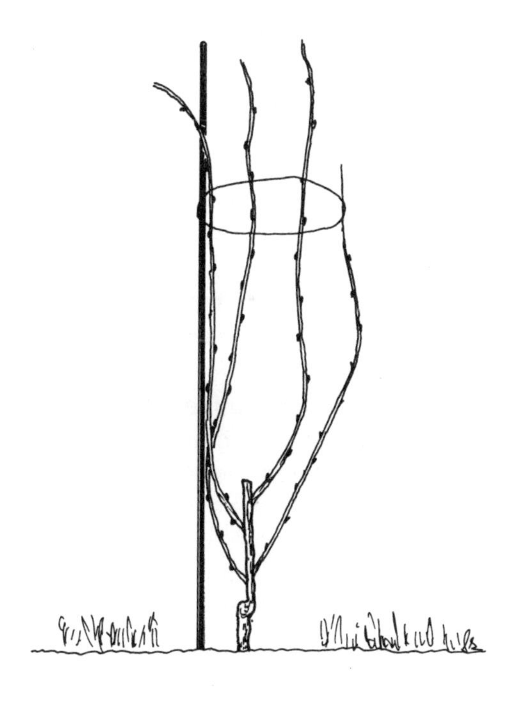

Abb. 27a: Einzelstock vor dem Schnitt.

Vom vorletzten Trieb bleiben jetzt zwei Augen stehen, es ist unser Zapfen für die nächsten Jahre. Dieser Zapfen wird, wie wir es im früheren Kapitel gesehen haben, nunmehr laufend weiter beschnitten. Die oberste Rebe dagegen wird zu einem Ganzbogen herumgebunden.

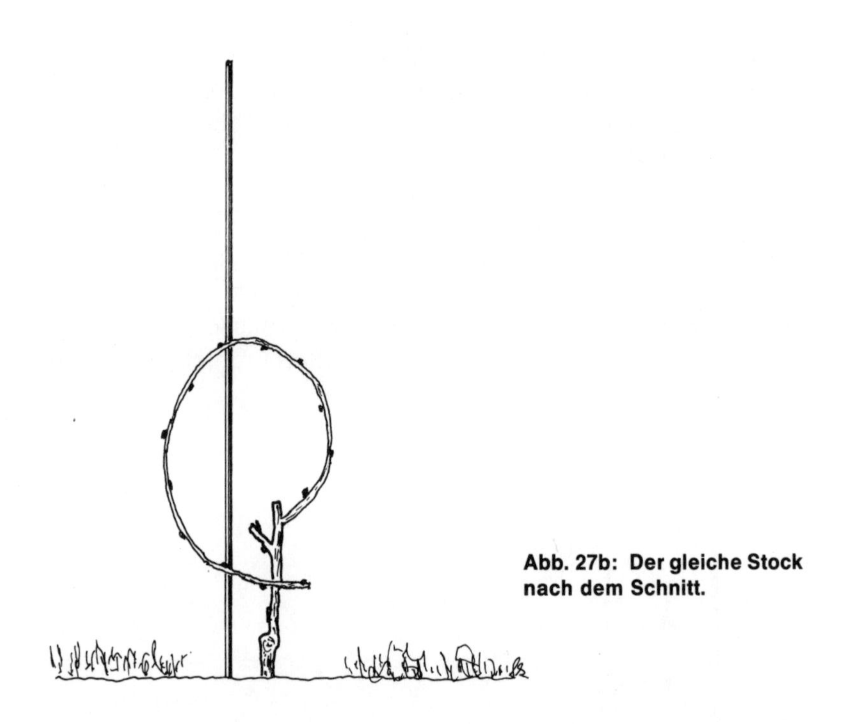

Abb. 27b: Der gleiche Stock nach dem Schnitt.

Die aus diesem Bogen herauskommenden, fruchtenden Triebe binden wir nun locker am Pfahl herum an; werden sie zu lang, so kürzen wir sie ein, wobei etwa neun Blätter über der Frucht stehenbleiben sollten.
Es ist darauf zu achten, daß sich nicht zuviel junges Holz und Blattwerk bildet, sonst züchten wir uns nur die Pilze hinein. Brechen Sie daher junge Triebe *ohne* Fruchtansatz aus, sofern sie nicht unmittelbar am Zapfen stehen und somit als Rebe für das kommende Jahr benutzt werden sollen.
Lassen Sie sich nicht dazu verleiten, zwei Zapfen an einem Weinstock stehenzulassen – das bringt viel zu viel Triebe. Die Pflanze wuchert Ihnen zu. Nur in Gegenden mit außergewöhnlich kargem

Boden, wie an der Mosel, kann man sich zwei Zapfen leisten; unsere im Hausgarten doch stets gut ernährten Pflanzen gehen Ihnen aber damit durch.

5.5 DER SCHNITT IN DER RAHMENERZIEHUNG

In unserem Musterweingarten kann sich jeder einzelne Weinstock jeweils 1,25 m nach links und rechts verzweigen. Auf diesen Ästen, die aus dem sogenannten »alten Holz« bestehen, sollen nunmehr unsere Zapfen stehen. Und zwar einer möglichst dicht am Stamm, einer 50 cm davon entfernt und der dritte noch einmal 50 cm entfernt am Ende des Astes. Bei dieser Aufteilung haben wir die Möglichkeit, einen sogenannten Halbbogen auf der einen Seite des Drahtgerüstes herunterzubinden, den zweiten auf der anderen Seite, und den dritten, am Ende stehenden Halbbogen binden wir in der Stammverlängerung herunter. Die nachstehende Skizze zeigt es genau.

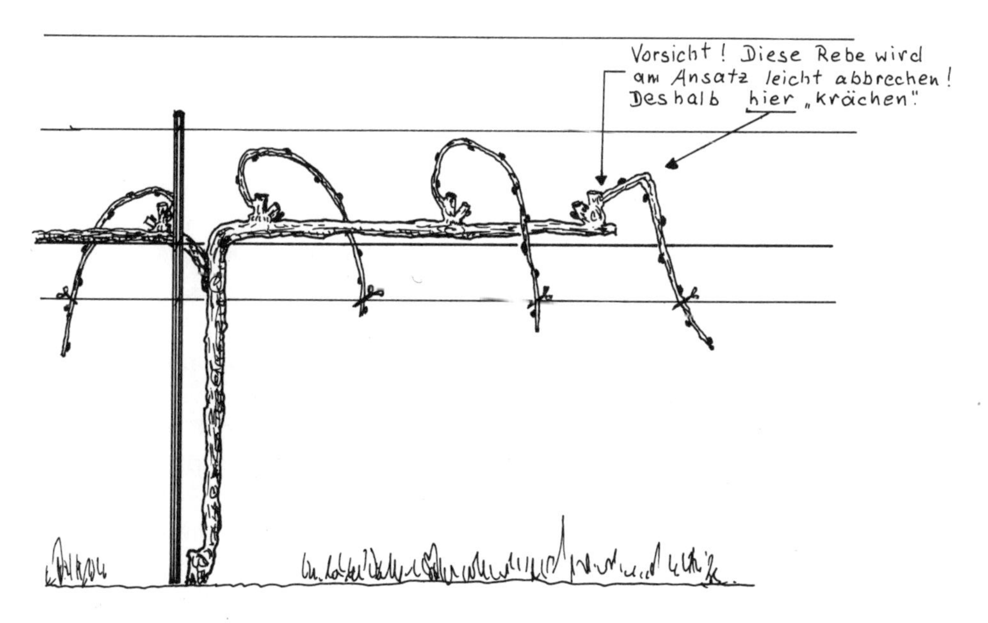

Abb. 28: So wird das Fruchtholz sinnvoll verteilt.

Drei Halbbogen mit jeweils neun Augen ergeben insgesamt 27 Augen, auf jedem Zapfen steht dann noch das Ersatzholz für nächstes Jahr mit zwei Augen – insgesamt sechs Augen. Zusammen also 33 Augen, die Achselaugen mitgerechnet.
Wir schauen uns dann noch einmal die Bögen an. Sind sie am Ende bereits etwas schwach, so nehmen wir hier statt neun nur acht oder sieben Augen; ist ein Ersatztrieb besonders kräftig ausgebildet, kürzen wir ihn auf nur ein sichtbares Auge ein. Wir verhalten uns also etwas variabel, je nachdem, wie es an diesem Ast aussieht. Am zweckmäßigsten dürfte es immer sein, den letzten, dritten, Halbbogen, der sich ja logischerweise mit dem gegenüberliegenden Halbbogen des Nachbarstockes irgendwie kreuzt, am stärksten einzukürzen – er kann statt neun Augen auch ruhig sechs oder gar vier enthalten.
Wir achten also nach Möglichkeit darauf, daß wir die 31 Gesamtaugen der einen Hälfte des Weinstockes einhalten.
Bei dieser Schnittmethode gingen wir davon aus, daß wir auf drei Zapfen je drei schöne Halbbogen erhalten. Ist dieses aus irgendeinem Grunde nicht möglich gewesen, nun, so schadet es auch nichts, wenn wir vielleicht von vier Zapfen vier kürzere Reben stehenlassen, von denen dann jede etwa sechs Augen hat, oder, umgekehrt, wenn wir zwei noch längere Halbbogen anschneiden, von denen dann jeder zwölf Augen hat.
Wichtig ist nur eine schöne gleichmäßige Verteilung der Reben und damit der Augen jeweils links und rechts aus dem Gerüst heraus, so daß die jungen Triebe Platz, Licht und Luft erhalten, sich nicht überkreuzen und keineswegs massiert zusammenstehen.
Kompliziert? Es hört sich nur so an. Lernen Sie die Grundprinzipien der Rebenauswahl, des Zapfen- oder Wechselschnittes – dann haben Sie es eigentlich schon begriffen. In jedem Falle aber rate ich Ihnen noch einmal, die ersten zwei bis drei Jahre ruhig mit dem Buch in der Hand an den Schnitt heranzugehen, auch wenn der Nachbar etwas lächeln sollte.
Denken Sie aber auch immer daran, daß der Weinstock eine lebendige Pflanze ist, die sich keineswegs in ein Schema pressen läßt. Gerade da, wo Sie so gerne einen Fruchtzweig hätten – da wächst eben keiner! An anderen Stellen dagegen häufen sich die schönsten Reben. Die Wahlmöglichkeiten des hier aufgezeigten längeren oder kürzeren Rebschnittes, des Zapfen- oder auch Wechselschnittes, vermögen aber diese Wachsunterschiede auszugleichen. Jedes

Frühjahr werden Sie bei jedem einzelnen Stock ein neues Puzzlespiel beginnen, und in jedem Jahr werden Sie etwas mehr dazulernen.
Fehler, die Sie am Anfang ganz sicherlich machten, zeigt Ihnen der Stock – Sie können sie im nächsten Frühjahr noch genau erkennen.
Machen Sie es sich also zur Gewohnheit:

- Anschauen, wie eigentlich der Stock nach Ihrem letztjährigen Schnitt gewachsen ist und wie man dieses Jahr schneiden *könnte*. Achten Sie darauf, wie der Stock gerne wachsen *möchte*, er zeigt es Ihnen ja!
- Alles Fruchtholz des letzten Jahres wird bis auf die zwei untersten Reben abgeschnitten – jetzt bekommen Sie schon ein viel besseren Überblick.
- Nun überlegt man, was man aus den zwei untersten Reben macht – bei dem Zapfenschnitt verwendet man sie zu Halbbogen, usw.
- Schneiden Sie immer bedächtig und nie hastig. Verwenden Sie nur gute, gesunde Reben, ziehen Sie nicht eine ungeeignete hoch, nur weil an dieser Stelle gerade theoretisch der richtige Abstand gewahrt ist.

Und machen Sie einmal einen Fehler, im nächsten Jahr ist alles wieder korrigierbar.

5.6 DAS ANBINDEN

Sind die Reben geschnitten und haben Sie mehr als fünf Augen stehenlassen, so gehören sie nach unten gebogen und angebunden. Und zwar entweder auf dem Biegedraht, oder aber, bei noch längeren Reben, auf dem unteren Heftdraht.
Prinzip: Die Schnittstelle sollte immer etwas nach unten zeigen, damit beim Bluten der Reben im April nicht das Auge unterhalb der Schnittstelle ertrinkt.
Unterlassen Sie das Niederbinden, so wachsen die Triebe des laufenden Jahres zu hoch hinaus, auch werden bei der Triebentwicklung die jeweiligen Endaugen einer Rebe auf Kosten der ersten Augen zu stark bevorzugt.
Gebunden wird jedoch nicht im Februar, sondern erst dann, wenn schon Saft in die Reben geschossen ist, also etwa ab April. Sie sind dann viel elastischer, und die Gefahr des Bruches wird vermieden. Halten Sie beim Biegen stets am Rebansatz an das zweijährige Holz

eine geschlossene Hand um die Rebe und biegen sie in weichem Bogen über diese Hand. Wenn es dabei auch manchmal kracht (»es krächt«, sagt der Fachmann) und die noch zarte Rinde abplatzt, so schadet das nichts. Auch ein scharfer Knick ist nicht schlimm, nur darf die Knickstelle nicht aufgebrochen sein. Erfahrene Winzer »krächen« sogar mit Absicht, es entsteht an der Knickstelle ein Saftstau, der die stammnäheren Augen schneller austreiben läßt.
Also, nach Möglichkeit alle Reben nach unten biegen, nur die zwei bis vier Augentriebe bleiben so stehen, wie sie sind.

KAPITEL 6

Die Arbeiten während des Jahres

6.1 PRAKTISCHE HINWEISE

Was brauchen Sie während des Jahres an Material?
Da ist zunächst das Bindematerial: Ich empfehle zwei Arten: Elastische Plastikschnur zum Anbinden des Stammes und der seitlichen Astgabeln; diese Schnur wächst sozusagen mit. Erst nach zwei bis drei Jahren braucht man sie etwas zu lockern. Man kann sie aber weiter verwenden. Auch ist sie vollkommen verrottungsfest und leicht zu handhaben. Drei- bis viermal um den Pflanzstock herumgeschlungen, nur locker verknotet – das hält.
Für das jährliche Anbinden und Anheften der Reben und Jungtriebe empfehle ich dagegen den papierummantelten Bindedraht, den Sie in einer Länge von ca. 25 cm bereits fertig zugeschnitten und in Bündeln abgepackt bekommen. Er ist sehr preiswert.
Haus- und Gartengeschäfte bzw. Raiffeisenlagerhäuser führen diese beide empfohlenen Bindematerialien.
Machen Sie es sich zur Gewohnheit: Kein Gang durch den Weingarten ohne Schere und ohne Bindedraht in der Hand, denn beides braucht man immer.
Für die Spritzarbeiten sollten Sie sich eine Schutzbrille anschaffen und einen alten Hut oder eine Mütze reservieren; gut ist es auch, wenn Sie eine Plastikjacke, z.B. eine gelbe Seglerjacke, anhaben, damit Ihre Bekleidung nichts von der Spritzbrühe abbekommt. Seife und Wasser sind stets zur Hand, da Sie sich nach jedem Spritzen mindestens Gesicht und Hände abwaschen; die alkalische Seife neutralisiert dabei die Spritzbrühe.
Haben Sie einen Regenmesser? Wenn nicht, lassen Sie sich ein

Abb. 29: Regenmesser – der Meßbecher steht innen. An ihm kann man die Niederschlagsmenge pro m² ablesen.

solches Gerät zum Geburtstag schenken. Es ist immer fein, wenn man weiß, wieviel es wirklich geregnet hat. Natürlich muß über den gefallenen Regen die ganze Saison hindurch auch Buch geführt werden.
Das billigste Gerät tut es! Erhältlich in Eisenwarengeschäften, Haus- und Gartenmärkten usw. Bessere Geräte beim Optiker. Bei oder in Ihrem Weinfeld, vor allen Dingen, wenn es etwas vom Haus entfernt ist, sollten Sie eine Gerätekiste oder ein ganz kleines Hüttchen haben, in dem stets alles zur Hand ist, was man so braucht: Draht, Spanner, Düngemittel, Spritze, Spritzmittel, Spaten, Scheren usw. Das spart manch unnötige Lauferei ins Haus. Denn eine Arbeit im Weinfeld ist doch etwas anders als im Gemüsegarten: Man geht fast täglich durch, ordnet, richtet, haftet hier und da einen Trieb an, usw.
Und noch eine Empfehlung: Führen Sie ein Tagebuch. Hier wird eingeschrieben, wann die Knospen aufbrachen, wie die Blüte war, wie die Traubenreife voranschritt, usw. Es werden aber auch insbesondere alle Spritzungen einschließlich der Spritzmittel aufgeführt, und es wird am Jahresende das Ernteergebnis festgehalten.
Es ist interessant, von Jahr zu Jahr vergleichen zu können, wie jahreszeitlich verschieden jeweils die Traubenentwicklung war, wie die Spritzmittel gewirkt haben und letztlich, wie hoch der Ertrag ausfiel.

6.2 ARBEITEN VON FEBRUAR BIS APRIL

Was kommt an wirklicher Tätigkeit auf Sie zu? Bis Februar nichts, dann kommt im März der Schnitt, das Kleinschneiden des Schnittholzes, Richten der Anlage, Nachspannen der Drähte, Düngung, Auflockern der Baumscheiben usw.

Sind bei Pfählen oder Pflanzstöcken nach einigen Jahren einige faul geworden und neigen zum Abbrechen, so ersetze ich *nicht* den ganzen Pfahl, sondern schlage direkt daneben ein kurzes Holz gleicher Stärke ein und verbinde dieses mit Draht fest mit dem bisherigen Pfahl. Diese Methode ist billiger und geht schneller, als jedes Mal einen ganzen Pfahl mit all seinen Halterungen zu ersetzen. Statt Draht kann man auch sehr gut ca. 1 cm breite, verzinkte Eisenbänder nehmen, die mit einer Schelle gespannt und festgehalten werden. Der Automechaniker verwendet solche Bänder, um Gummischläuche zu befestigen. Ihr Autoreparaturbetrieb besorgt sie Ihnen sicherlich gerne. Die nachfolgenden Bilder zeigen, wie es gemacht wird. Ein kleines Abrollgerät für das Eisenband ist schnell selber gebastelt.

Ende März, wenn die Augen schon dicker geworden sind, sollte die Winterspritzung durchgeführt werden. Sie ist wichtig. Näheres hierüber 7.4

Im April stehen die Reben voll im Saft, spätestens jetzt werden sie angebunden.

Ist ein Weinstock zu ersetzen? März/April ist der richtige Zeitpunkt, dann ist das Erdreich noch sehr feucht, so daß ein sicheres Anwachsen gewährleistet ist.

Abb. 31: Das Stahlband wird mit einer Schelle um Pfahl und Hilfspfahl befestigt.

Abb. 30: Ein selbstgebasteltes Abrollgerät für Stahlband.

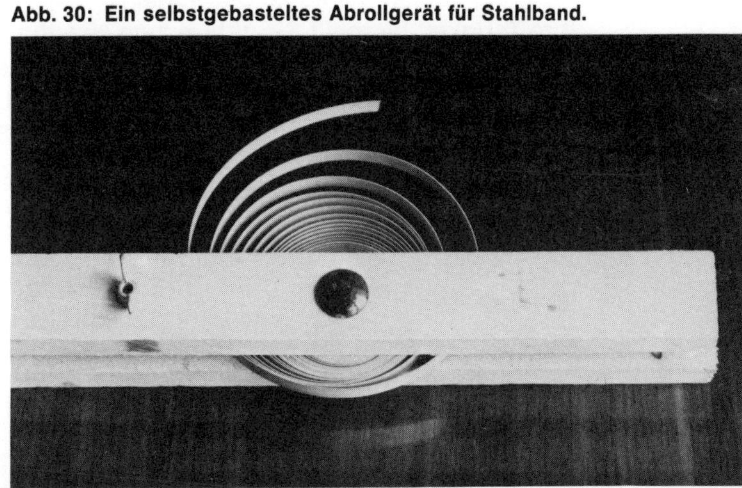

6.3 DIE ARBEITEN WÄHREND DER VEGETATIONSZEIT VON MAI BIS OKTOBER

Die Vegetation beginnt, die Knospen schwellen, brechen auf, die sehr empfindlichen, zarten Triebe bilden sich – und Sie zittern vor Nachtfrösten, die um Mitte Mai herum auftreten. Hochzuchtanlagen, wie wir sie haben, sind nun im Vorteil, weil doch der Frost vorwiegend am Boden bleibt. Ist aber große Kälte angesagt, nun, dann lohnt es sich schon, wenn man die ersten zarten Triebe mit Zeitungspapier absichert.
Es geht ganz einfach, indem man über den ersten Heftdraht ein Zeitungsdoppelblatt legt, das man unterhalb der Rebe einfach mit Büroklammern zusammenheftet. Ähnlich schützt man den nach unten gebogenen Halbbogen. Jungpflanzen, die direkt am Boden stehen, bekommen einen Papierhut.
Das macht allerdings etwas Arbeit – aber sonst kann wirklich in einer Nacht alles erfrieren. Der Weinstock wird zwar ein zweites Mal wieder austreiben, es sind aber vorwiegend Nottriebe, die kaum Früchte erwarten lassen.
Diese Nachtfröste sind so gefährlich, daß der berufsmäßige Winzer teure Heizungsanlagen aufstellt, um sich zu sichern. Für unseren Hausgarten lohnt sich dies nun doch nicht. Wir hoffen lieber, daß der Kelch an uns vorübergehen möge.
Im Juni wachsen die jungen Triebe kräftig, es bilden sich die Blütenstände. Besonders lange Triebe müssen angebunden werden, sie brechen bei Wind leicht ab. Ab der zweiten Junihälfte ist die Weinblüte zu erwarten. Dabei werden die kleinen Mützchen von den Blüten abgeworfen, die Staubbeutel, die nunmehr hervortreten, befruchten sowohl die eigene Blüte, gelangen aber auch mit dem Wind auf andere, ein berauschender, resedaähnlicher Geruch breitet sich in Ihrem Weinfeld aus. Es lohnt sich zu dieser Zeit, mit einem Vergrößerungsglas in den Garten zu gehen, um diesen interessanten Vorgang einmal genau zu betrachten.
Ihre Tätigkeit hierbei? Sie zittern zum zweiten Mal in der Saison um Ihre Pflanzen. Herrscht nämlich in dieser Zeit starker Wind, regnet es viel, oder geht das Thermometer unter 15 Grad, so sieht es schlecht aus mit der Befruchtung, und eine nur magere Ernte ist zu erwarten.
Vor, während und *nach* der Blüte wird gespritzt!
Jetzt ist die Hauptinfektionszeit für Pilzkrankheiten!
Siehe Hinweise in Kapitel 7.

Im Juli folgt die Zeit des Durchsteckens der jungen, kräftig wachsenden Triebe durch das Drahtgerüst sowie das Anheften mittels Bindedrahtes. Alle Triebe werden gleichmäßig verteilt, wobei Sie sich zur Regel machen sollten, daß ein Drittel der Triebe links und ein Drittel rechts aus dem Gerüst herauswachsen dürfen, während das restliche Drittel so angeheftet wird, daß es nach oben wächst. Eine schöne, gleichmäßige Verteilung sorgt dafür, daß keine Zusammenballung von Trieben und Blättern entsteht – man nennt dies Laubglocke – und daß überall Luft und Licht hingelangen können.
Zu lange Triebe werden gekappt, Geiztriebe nur dort entfernt, wo sie zu üppig werden. Kurz – Sie sorgen für Ordnung. Da sie aber eine Weitraumanlage haben, auch die einzelnen Stöcke genügend auseinanderstehen und die Augenzahl richtig ausgezählt wurde, hält sich diese Arbeit in Grenzen. Der Stock darf froh und frei wachsen, kann sich voll entfalten und keinesfalls dabei nur am Drahtrahmen hängen, sondern wie ein kleiner Baum dastehen.
Im Juli/August zittern Sie ein drittes Mal, diesmal vor Gewittern mit Hagelschlag. Erwischt es Ihren Garten hart, so war die Arbeit eines Jahres vergebens. War der Hagel nur mäßig, so kann man mit *sofortiger*, mehrmaliger Blattdüngung noch sehr viel erreichen und wieder gutmachen. Siehe 7.8.5.
Sonst wird in allen diesen Monaten beim Durchgehen durch den Garten besonders auf beginnende Pilzerkrankungen oder etwaige Insektenschäden geachtet, denn in unserem Hausgarten spritzen wir nach der Fruchtbildung und in der Reifezeit *nicht* prophylaktisch, sondern erst beim Auftreten von Schäden, dann aber sofort und konsequent.
Zum September hin achten Sie noch einmal sorgfältig auf die Triebe, die kräftig Frucht angesetzt haben. Hängen sie völlig frei, ist die Gefahr eines Abbrechens gegeben? Dann müssen sie entweder am Drahtrahmen oder mittels einer Schnur gesichert werden. Ganz besonders gilt dieses bei denjenigen Trieben, die auf Reben stehen, welche seitlich oder nach unten aus dem Stamm herauskommen, sonst bricht unter dem Traubengewicht noch der ganze Rebzweig ab.
Es kommt der September, die Rotweintrauben färben sich und werden langsam blau, auch beginnen sie schon süß zu werden. Jetzt kommen die Wespen und auch die Vögel, insbesondere Amseln und Drosseln, und schauen sich schon höchst interessiert an, was da an Herbstnahrung auf sie zukommt.

Was ist zu tun? Letzte Überprüfung, gegebenenfalls letztmaliges Ausscheiden, damit nunmehr an die Trauben möglichst viel Sonne herankommt. Es folgt die Abschlußspritzung, die etwa vier Wochen vor der Ernte liegen muß. Sie wird nicht mehr am Blattwerk, sondern nur noch an den Trauben selber durchgeführt. Die Blätter halten wir möglichst frei von Spritzmitteln, damit sich nicht etwa im Herbst die Regenwürmer an Blättern vergiften, die noch die stark wirkenden Spritzmittelrückstände auf sich haben.
Ist es ein Wespenjahr und sehen Sie die ersten angefressenen Beeren, so müssen Sie sofort handeln. Besonders die Rebstöcke mit blauben Traubensorten, die meist die ersten Fraßstellen aufweisen, werden mit einem feinmaschigen Netz total eingebunden. Das hilft radikal, sowohl gegen Wespen wie auch gegen Vögel. Tun Sie das nicht, so kann es vorkommen, daß Sie von Ihren schönen blauen Trauben nur noch die Stiele oder hohle Beerenschalen vorfinden.
Ist die Wespenplage nicht stark, sollten Sie in jedem Fall aber Vorsorge treffen, indem innerhalb der Weinzeilen mitten in der Traubenzone, mit höchstens 2 m Abstand voneinander, alte Flaschen aufgehängt werden, die Sie mit einem Saft bzw. Saft-Essig-Gemisch etwa 5 cm hoch befüllt haben. Ich verwende immer Himbeersirup im Verhältnis 1:5 bis 1:8 mit Wasser. Gibt man in eine solche Mischung noch einen winzigen Schuß Essig, kann (muß aber nicht!) die Lockwirkung noch verstärkt werden. Es ist auszuprobieren, welche Mischung bei »Ihren« Wespen am besten ankommt. Sie sehen es ja später, welche Flaschen schneller voll werden. Die Wirkung einer solchen Flaschenbatterie ist erstaunlich. Auch in wespenarmen Jahren zähle ich am Ende der Saison meist 100 oder mehr Insekten in einer einzigen Flasche. Ist diese voll, muß sie natürlich ersetzt werden – Vorsicht aber beim Ausgießen, die Wespen können noch bis zu zwei und drei Tage innerhalb der Flasche leben.
Keine Angst übrigens um die Bienen – sie gehen in keine Flasche! Bienen reagieren nicht auf Fruchtaroma, sondern nur auf Blütendüfte.
Wendet man diese Bekämpfungsmethode konsequent und rechtzeitig an, so ist sie sehr erfolgreich, und man wird sich die engmaschigen Netze, die wegen ihrer Feinheit nicht so oft wiederverwendet werden können, zu Gunsten der grobmaschigen und wesentlich preiswerteren Vogelnetze ersparen können.
Stichwort Vogelnetz: Sie werden nicht darum herumkommen. Es

gibt zur Zeit einfach nichts Besseres gegen Amseln, Drosseln und Stare. Gerät nämlich ein Starenschwarm in Ihren Weingarten, kann die Ernte binnen einer halben Stunde hin sein – Drosseln und Amseln wüten zwar nicht so radikal, aber auch sie können ein Gutteil Ihrer Trauben in einigen Wochen kaputtmachen.
Es gibt viele Methoden, die Vögel abzuhalten – ich meine aber, daß das Vernünftigste heute immer noch das Zubinden der Weinzeilen mit Vogelschutznetzen ist. Hierunter verstehe ich die normalen Kunststoffnetze, blau, gelb, grün oder rot eingefärbt, die man bei sorgfältiger Behandlung viele Jahre lang wieder verwenden kann.
Ich kaufe sie in der Größe 2 m breit. 10 bzw. 20 m lang, befestige sie mit kurz geschnittenen Bindedrahtstücken jeweils einseitig und längs einer Weinzeile auf dem obersten Heftdraht. Es genügt dabei, wenn alle 1 bis 1,5 m angeheftet wird. Dann erst befestige ich auf der anderen Seite der Weinzeile ein ebensolches Netz. Hierbei achte ich darauf, daß die beiden Netze oben ca. alle 30 cm mit Bindedraht zusammengeknüpft werden, so daß keine Löcher freibleiben. Sie können sich kaum vorstellen, wie findig Amseln und Drosseln sind, um in solche Löcher hineinzuschlüpfen, dann aber leider in den meisten Fällen innerhalb der Netze verenden, weil sie nicht wieder herauskommen.
Nun binde ich noch die Netze von unten zusammen, so daß die klugen Vögel durch Hochhüpfen nicht mehr an die reifwerdenden Trauben herankönnen. Auch hier binden Sie sorgfältig, denn größere Löcher werden auch vom Boden aus mit Sicherheit erspäht und zum Eindringen in die Weinzeile ausgenützt.
Die Arbeit hört sich etwas kompliziert an, ist es aber nicht, sie geht auch rasch vorwärts. Verteilt man die Netzkosten auf 10 Jahre, und solange halten die Netze bestimmt, sind auch die Kosten erträglich. Sind Sie ein Vogelfreund, so können Sie über die Intelligenz dieser Vögel staunen: Zuerst erleben Sie ein schier maßloses Geschimpfe, daß sie nun an die schönen Beeren nicht mehr herankommen. Dann beginnt ein intensives Suchen nach möglichen Löchern – man faßt es einfach nicht –, und nach etwa einer Woche herrscht Ruhe. Die Vögel sind dorthin abgezogen, wo sie ihr Herbstfutter erwarten können, Ihren Garten haben sie aufgegeben.
Jetzt hoffen Sie auf einen schönen, warmen Herbst, probieren ab und zu, wie süß die Trauben werden – und zügeln bitte Ihre Ungeduld auf eine rasche Ernte. Eßbar werden die Trauben schon jetzt sein, und sie schmecken köstlich. Für die Weinbereitung sollten sie

aber noch kräftig Zucker bekommen. Ab Mitte September wird wöchentlich einmal der Zuckergehalt eines mit einer Haushaltsquetsche probeweise gewonnenen Mostes mittels der Öchslewaage gemessen. Die Anwendung dieser Öchslewaage ist in Kapitel 9 beschrieben.
55 Grad Öchsle ist das mindeste, was man erwarten sollte, 65 Grad Öchsle ist gut, 70 bis 75 Grad einfach hervorragend, aber nur in guten Jahren zu erzielen. Auf Traumöchslegrade von 100 und darüber, wie man mitunter in Zeitungen liest, sollten Sie sich nicht einstellen – Sie werden sie kaum bekommen. Das sind Seltenheiten, und hierzu gehört auch eine noch andere Behandlung des Weinstokkes. Überlassen wir das den berufsmäßigen Winzern, irgendwo muß es ja auch Unterschiede geben.
Ernten oder Hängenlassen – das ist nun die Frage. Ist ab Ende September langfristig schlechtes Wetter angekündigt, so ernte ich. Ist noch Sonnenschein zu erwarten, so lasse ich in jedem Fall die Trauben am Stock.
Ein anderes Kriterium ist natürlich der Traubenzustand. Sind sie weich und werden sie schon faul, wird sofort geerntet; ist alles Traubengut aber noch sehr gesund, so läßt man die Trauben noch solange hängen wir möglich.
Dann folgt die Ernte – bei mir immer ein Fest. Darüber lesen Sie bitte in Kapitel 8.
Die zur Ernte von oben geöffneten Netze, die nunmehr auf dem Boden liegen, werden jetzt wieder eingesammelt und fürs nächste Jahr versorgt. Anschließend ruht der Weingarten, Ihre Arbeit ist bis zum Februar des nächsten Jahres beendet.
Den Bodenbewuchs lassen Sie, wie er ist, das Weinlaub wird *nicht* zusammengerecht, es verschwindet von alleine und wird zu Humus oder von den Regenwürmern gefressen. Für Sie selber fängt jetzt die Tätigkeit im Weinkeller an.

KAPITEL 7

Der Rebschutz

7.1 GRUNDSÄTZLICHE BEMERKUNGEN ÜBER DEN REBSCHUTZ

Der beste Rebschutz ist ein intakter Boden, lockerer, lichter Stand der Reben und ein normales Wachstum ohne Triebdüngung.
Boden, Wasser und Luft sind die Grundelemente allen pflanzlichen Lebens. Fehlt eines dieser Dinge, so durchbrechen wir den sich selbst erhaltenden Lebenskreislauf. Luft und Wasser sind bei uns noch in Ordnung, mit dem Boden steht es aber schlecht. Zuviel haben wir vom lebenspendenden Humus aufgezehrt, zuviel haben wir mit Mineraldüngern und chemischen Präparaten eingegriffen, als daß wir in unseren hiesigen Landstrichen noch von ursprünglichen, gesunden Bodenverhältnissen ausgehen dürften – nur Waldboden in Mischwald hat sie noch.
Es gibt den berühmten Teufelskreis: Mineraldüngung – Humusverarmung – Krankheitsanfälligkeit – deshalb chemischer Pflanzenschutz und nun erneut Mineraldüngung usw. usw. Um ausreichend Frucht zu erhalten, müssen wir jedesmal von den Mitteln ein wenig mehr einsetzen, um noch gleiche Wirkungen zu erzielen. Irgendwann sind wir dann einmal am Ende, d.h. der Boden ist ausgelaugt und humusarm.
Diesen Teufelskreis wollen wir in unserem Weingarten durchbrechen. Erreichen wir nämlich, daß durch gute Kompostgaben der Humusanteil im Boden wieder steigt und der Boden auch ganzjährig durch eine natürliche Pflanzendecke geschützt ist, stehen unsere Reben so nicht mehr in einer reinen Monokultur und kommt der Regenwurm wieder hinein, so ist es gut. Unsere Weinpflanzen blei-

ben gesund, der Pflanzenschutz kann sich dann darauf beschränken, hier und da helfend einzugreifen, wenn durch besondere Verhältnisse Hilfe einmal unumgänglich wird.
Sogenannte biologische Mittel reichen dann meistens aus. Ein von chemischen Rückstandsstoffen freies Erntegut ist das Ergebnis.
Das ist das Ziel, was wir uns setzen. Der Weg dorthin ist nicht schwer, benötigt aber Zeit – ich habe sechs Jahre gebraucht.
Notwendig ist es daher, Ihnen sowohl den chemischen als auch den biologischen Pflanzenschutz zu erklären, denn bis Sie nach und nach vom Boden her ideale Verhältnisse bekommen, werden Sie noch chemische Produkte benötigen, um sie später immer mehr einschränken zu können. Das Ziel lohnt aber den Aufwand – denn warum betreiben wir die ganze Hobbygärtnerei? Damit wir wissen, was wir essen und trinken und nicht mehr allein auf das angewiesen sind, was uns der Handel bietet.

7.2 PILZKRANKHEITEN

Eine so alte Kulturpflanze wie die Weinrebe, durch Jahrhunderte immer wieder neu und auf immer höhere Leistungen gezüchtet, hat natürlich sehr viele Schädlinge oder Schmarotzer, die von ihr leben möchten. Sie zu erkennen ist wichtig, wenn man ihr helfen will.
Pilze sind die verbreitetsten Schmarotzer in unseren Weingärten. Sie rufen auch den größten Schaden hervor. Ihre Bedeutung wächst seit dem 17. Jahrhundert ständig. Trotz immer stärkerer Anwendung chemischer Gifte, die auch gezielter eingesetzt werden, scheint es so, als ob die Pilzkrankheiten sich noch vermehren und in immer neuen und schlimmeren Erscheinungsformen auftreten.
Zweifelsohne sind sie eine Begleiterscheinung der Mono- und Intensivkultur sowie der immer stärkeren Bodendüngung mit stark treibenden, anorganischen Düngemitteln. Insbesondere der übertriebenen Stickstoffdüngung.
Bei den Pilzen handelt es sich um chlorophyllfreie pflanzliche Organismen, die keine eigene Kohlenstoffernährung haben und sich daher anderer Pflanzen bedienen müssen, um existieren zu können. Sie sind also echte Schmarotzer, wachsen im Inneren und auf der Oberfläche von Wirtspflanzen und sind unglaublich vermehrungs-, widerstands- und anpassungsfähig. Im Weinbau haben wir es gleich mit einer ganzen Reihe dieser Organismen zu tun.

Abb. 32 und 33: Links: So fängt die Peronospora an. Man sieht schwache „Ölflecke“ auf den Blättern (Foto Dr. Bender). – Rechts: Dieses Blatt ist von der Peronospora ganz befallen. Es wird vertrocknen und abfallen.

Abb. 34: An Oidium und Peronospora erkrankte Blätter. Der Trieb verkümmert.

Abb. 35: Eine an Peronospora erkrankte Traube. Man sieht, wie einzelne Beeren schwarz werden.

Abb. 36 und 37: Links: Botrytis an Rotweintraube. Wenn man sie jetzt erntet, könnte man den Most noch verwerten (Foto Dr. Bender). – Rechts: Oidium an Rotweintraube. Man sieht deutlich den Kernbruch (Foto Dr. Bender).

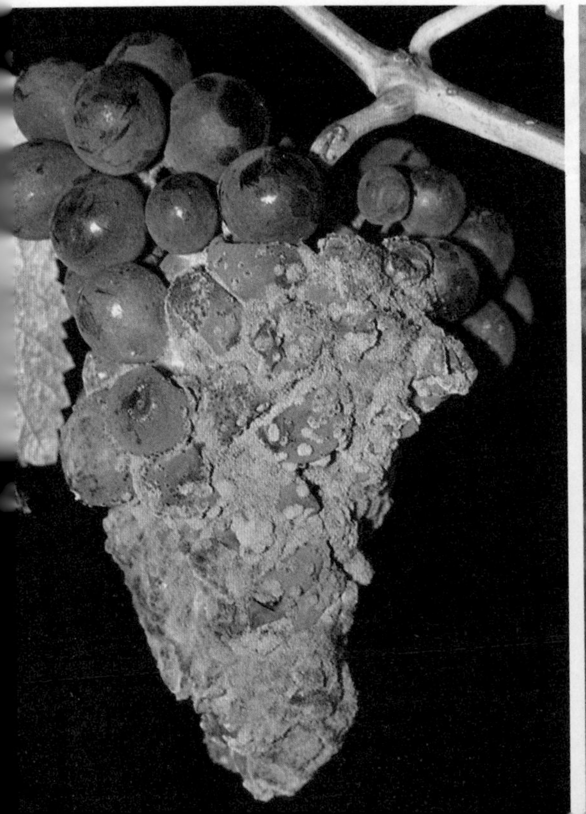

Abb. 38 und 39: Links: Schwarzfleckenkrankheit an einjähriger Rebe. – Rechts: Frostschaden an jungem Trieb, hervorgerufen durch Maifrost.

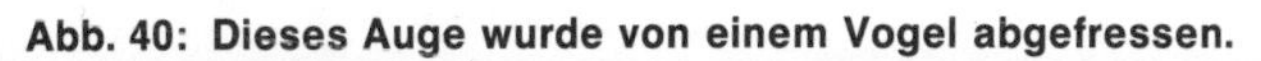

Abb. 40: Dieses Auge wurde von einem Vogel abgefressen.

Abb. 41: Typisches Beispiel für den Zapfenschnitt. Aus dem gleichen, vorjährigen Zapfen wurde rechts ein langer Bogen geschnitten und links ein Zweiaugentrieb, der für den Schnitt im kommenden Jahr verwendet wird.

Abb. 42: Beispiel für den Wechselschnitt. Rechts ist ein langer Bogen geschnitten, der Zweiaugentrieb, der im kommenden Jahr verwendet wird, steht separat auf altem Holz.

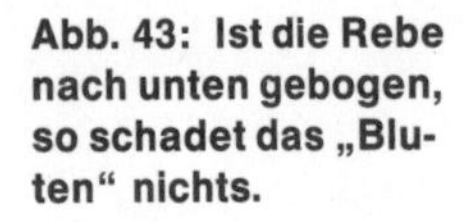

Abb. 43: Ist die Rebe nach unten gebogen, so schadet das „Bluten“ nichts.

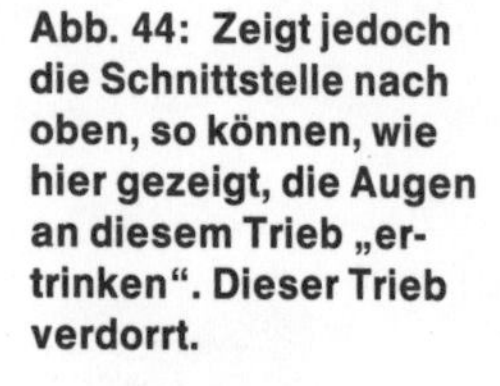

Abb. 44: Zeigt jedoch die Schnittstelle nach oben, so können, wie hier gezeigt, die Augen an diesem Trieb „ertrinken“. Dieser Trieb verdorrt.

Abb. 45–48: Ein Flachbogen, angeheftet auf dem Biegedraht. Fotografiert im April, Abb. 46, 47 und 48 mit je 3 Wochen Abstand. Man sieht die kräftige Entwicklung aller Augen zu jungen Trieben. Bei Abb. 48 haben sie bereits über einen Meter Länge erreicht.

Abb. 49: Ein Blütenzweig kurz vor Blütenbeginn – jetzt muß gespritzt werden, um Pilzinfektionen zu verhindern.

Abb. 50: In voller Blüte – jetzt muß die zweite Blütespritzung erfolgen.

Abb. 51: Die Blüten sind befruchtet, die jungen Beeren sind pfefferkorngroß. Jetzt muß die erste Nachblütespritzung erfolgen.

Abb. 52: Anfang September reicher Behang an Blauburgundertrauben, sie sind noch nicht einmal rot geworden.

Abb. 53: Zur gleichen Zeit ist die rote Gutedel bereits gefärbt. Sie kann für den Genuß schon geerntet werden, für die Weinbereitung sollte sie noch etwas hängen.

7.2.1 PERONOSPORA

Peronospora, auch falscher Mehltau oder Blattfallkrankheit genannt, tritt ab Mitte Juni an Blättern, ab Juli auch an den jungen Beeren auf. Sie entwickelt sich innerhalb von 10 bis 14 Tagen nach den ersten warmen Regenfällen und gedeiht in stickiger, feuchtwarmer Luft bzw. in nicht genügend durchlüftetem Laub besonders gut.
Die ersten Schadanzeigen sind weißliche Pilzflecken, etwa markstückgroß, auf der *Unterseite* der bodennahen, jungen Blätter. Wir nennen diese Erscheinungen »Ölflecke«. Diese Pilzflecken werden dichter, überziehen das ganze Blatt mit einem weißlichen Pilzrasen, so daß das Blatt später abstirbt und zu Boden fällt. Siehe Abb. 32–35, Farbteil.
Werden die jungen Beeren bzw. ihr Stielgerüst befallen, so werden die noch grünen Weinbeeren blau-schwarz, brechen auf und wachsen nicht mehr weiter. Man nennt sie dann Lederbeeren.
Es gibt heute eine Reihe hervorragende Spritzmittel, die auch eine schon bestehende Infektion zum Stillstand bringen. Eine Bekämpfung ist unbedingt notwendig – sonst verdirbt die Ernte total.

7.2.2. OIDIUM

Oidium, oder der echte Mehltau, zeigt Krankheitsbilder, wie wir sie von den Rosen her kennen: ein grau-weißer Pilzrasen, besonders an den Triebspitzen und den zarten, jungen Blättern, die sich dann sofort einkräuseln. Vom Mehltau befallene Beeren verdorren bzw. platzen auf, so daß die Kerne sichtbar sind. Siehe Abb. 34 und 37.
Auch die Bekämpfung des echten Mehltaues ist einfach, insbesondere da hier noch der altbekannte Schwefel sicher wirkt.

7.2.3 BOTRYTIS

Botrytis, auch Grauschimmel oder Stiel- bzw. Sauerfäule genannt, ist eine Pilzerkrankung, die Sie schon vom Erdbeerbeet kennen. Dort zerstört der Pilz in Windeseile eine ganze Ernte.
Beim Wein befällt er ebenfalls die Blätter mit einem gräulichen Pilzrasen, schlimmer noch wirkt er auf die jungen Traubenstiele, die in der Entwicklung steckenbleiben, verholzen und abbrechen. Siehe Abb. 36.

Abb. 54: Ein zweijähriger Stock des frühen Blauburgunder, so kräftig im Wuchs, daß man ihm schon eine Reihe Trauben lassen konnte.

Verheerend wirkt er, wenn die Trauben zu reifen beginnen. In unglaublich kurzer Zeit – bei geeignetem Wetter in nur einigen Stunden – kann der Botrytis-Pilz eine ganze Traube befallen und sie in wenigen Tagen zu einem bräunlichen Matsch machen, so daß sie nicht mehr verwendbar ist.
Kurios ist aber, daß der Pilz, wenn er im Spätherbst die *reife* Trauben befällt, hochwillkommen ist, da er dann die sogenannte Edelfäule hervorruft. Solche Trauben bringen die kostbarsten Weine hervor! Wir bekämpfen aber den Botrytis-Pilz immer, auf »Edelfäule«-Experimente lassen wir uns nicht ein. Das kann nur der Fachmann.

7.2.4 PHOMOPSIS ODER SCHWARZFLECKENKRANKHEIT

Es gibt noch eine Reihe anderer Pilzerkrankungen, die jedoch nicht so große Schadbedeutung haben. Lediglich auf die sogenannte Schwarzfleckenkrankheit sollte man achten. Sie zeigt sich auf den jungen Reben in Form schwarzer, länglicher Flecke bis zu einem halben Zentimeter Größe. Siehe Abb. 38.
Dabei bleibt die Rebe bis zum Frühjahr weißlich, hat also nicht die gewünschte bräunliche Farbe. Solche Reben werden nach Möglichkeit abgeschnitten, oder, wenn unumgänglich, nur zu einem Zapfen, keineswegs aber zu längeren Fruchtreben verwendet.
Alle Pilzkrankheiten sind bei systematischer, *prophylaktischer* Spritzung gut unter Kontrolle zu halten bzw. zu bekämpfen. In den von mir bearbeiteten Weingärten konnte ich aber auch feststellen, daß selbst bei früherem starkem Pilzbefall die Anfälligkeit langsam aber stetig zurückging, je weniger ich die Pflanzen mit Handelsdüngern überfütterte, je kräftiger der Bodenbewuchs und die Humusbildung vorankamen, und insbesondere, je luftiger ich meine Weinzeilen anlegte. Offensichtlich war es auch positiv, daß ich nicht den ganzen Sommer über die Triebe ausbrach, herumschnitt, einkürzte usw., d.h. also, je mehr ich der Natur ihren freien Lauf ließ. Auch Sie sollten versuchen, diesen Weg zu gehen und nicht nach den jeweils neuesten Spritzkalendern prophylaktisch einfach alles totspritzen.

7.3 INSEKTEN UND MILBEN

Die Insektengefahr im häuslichen Weingarten ist gering. Die Tiere, bzw. die von ihnen angerichteten Schäden sind ja stets sichtbar, und ein bis zwei Spritzungen, und diese auch noch mit rein pflanzlichen Präparaten, genügen vollkommen. Bei den Milben muß man wegen ihrer Kleinheit etwas genauer hinsehen, um die Tiere oder ihre Eiablagen feststellen zu können. Auch hier gibt es absolut sichere Präparate.

Wir kennen die Gruppe der Läuse, den Rebstichler, den Dickmaulrüßler, den Schreiber, den Maikäfer – alle an ihrer typischen Erscheinung. Bekämpft wird jeweils nur ein stärkerer Befall, nicht gleich, wenn die Tiere nur vereinzelt auftreten. Ihre natürlichen Feinde, besonders die Vögel und die sogenannten Nutzinsekten, werden schon fertig damit. Denn immer sollten wir uns vor Augen halten: wenn wir spritzen, würden wir doch auch die nützlichen Insekten, z.B. das Marienkäferchen, das so gründlich mit den Läusen aufräumen kann, töten.

Anders ist es beim Heu- oder Sauerwurm, wie auch beim Springwurm. Er kann auch heute noch, wie in früheren Zeiten, großen Schaden anrichten.

Sehen Sie also Wurmfraß an Gescheinen oder an Beeren, bemerken Sie ganze Gespinstklumpen in und über den Trauben, sehen Sie die Würmer selber, so muß sofort gespritzt werden, um eine schnelle Entwicklung zu stoppen. Besonders gefährlich ist dabei, daß Wurmfraß stets die Botrytis im Gefolge hat, die ja durch die verletzte Beerenoberfläche jetzt leicht Eingang in die Beeren finden kann.

Es bleibt noch die gefürchtete Reblaus. Um die Jahrhundertwende vernichtete dieser Schädling den Weinbau in fast ganz Europa. Erst dank den Propfreben gelang es, diese Gefahr zu bannen. Die Wurzeln unserer Unterlagsreben sind heute weitgehend resistent, sie werden nicht mehr angefressen, und die oberirdischen Lebensformen dieses Schädlings mögen unsere europäischen Veredelungsreben wiederum nicht.

Gefahr gebannt? Es scheint fast so. Allerdings sorgt ein strenges Reblausgesetz dafür, daß die Vorsichtsmaßnahmen bei der Pflanzenzucht zum Wohle aller Winzer eingehalten werden.

Milbenschäden erkennen Sie an den Blättern. Diese bekommen kleine Knötchen, kräuseln sich, krumpfeln zusammen und sterben ab.

Erkennbar sind die winzigen Tierchen nur mit einem guten Vergrößerungsglas, sie werden selten größer als 0,2 mm. Nur die sogenannte »Rote Spinne« wird bis zu einem halben mm groß, sie ist rot und hält sich vorwiegend an der Blattunterseite auf. Auch ihre Eier sind rot und färben die Reben insbesondere an ihren Knoten, wo sie in Massen abgelegt werden, rötlich an.
Die Bekämpfung geschieht schon mit einem Winterspritzmittel, aber auch die Insektizide und die Fungizide halten sie nieder.
Nur wenn eine sehr kräftige Verkräuselung, besonders an den Triebspitzen, festzustellen ist, spritzt man mit einem speziellen Milbenmittel, einem sogenannten Akarizid.

7.4 MÄUSE, VÖGEL, SCHNECKEN

Auch Mäuse, Vögel, Schnecken und vieles andere größere Getier hält sich in unserem Weingarten auf. Ich bekämpfe eigentlich nur die Wühlmäuse, kenntlich an ihren großen maulwurfsähnlichen Haufen, mit einem pflanzlichen Cumarinpräparat. Gegen Feldmäuse wirken Katzen bestens. Die Weinbergschnecke ist, wenn sie weiter so »gejagt« wird, fast am Aussterben; in der Hochzucht richtet sie auch keinen Schaden an, sie kommt den Stamm nicht hinauf. Die Klein- und Nacktschnecken, die sich im frischen Mulch zum Teil massenhaft vermehren, bekämpfen wir nicht – auch sie sorgen ja für eine schnelle Verrottung und den Umbau des Mulches in Humus – sie gehören mit zum Bodenleben.
Und die Vögel? Amseln, Drosseln und Stare schaden nur bei der Traubenreife. Alle anderen kleinen Vögel aber sind Nützlinge, die wir pflegen und heranziehen wollen. Sie halten die Insekten in entscheidendem Maße nieder. Hängen Sie also, wenn es geht, soviel Meisenkästen wie möglich auf, achten Sie aber auch darauf, ob nicht etwa Rotkehlchen oder Bachstelzen im Weinstock selber ihr Nest bauen – dort wird dann selbstverständlich nicht gespritzt – und daß die Kleinvögel durch Winterfütterung heimisch gemacht werden. Sie werden sowieso überrascht sein, um wieviel größer der Bestand an vielen Kleinvogelarten durch Ihren Weingarten wird – dort gibt es ja reichlich Nahrung für sie. Auch wieder ein Grund, die Insektizide so spärlich wie überhaupt nur möglich zu verwenden.
Ein Vogel macht allerdings noch etwas Ärger: der Dompfaff, der sich

in Südwestdeutschland zur Zeit stark vermehrt. Er hat die unangenehme Eigenschaft, die im Frühling gerade aufgesprungenen Augen abzuknabbern. Haben Sie bei der Winterfütterung viele Dompfaffen bemerkt, heißt es aufpassen. Es lohnt sich, die Knospen der Reben, die an warmen Hauswänden wachsen bzw. an einem besonders geschützten Standort stehen, so daß sie früher als die anderen aufbrechen wollen, zu behandeln. Ich betupfe sie mit einem kleinen Tuschepinsel und einer Lösung, die mir mein Apotheker herstellt. Sie besteht aus 20 g Wasserglas mit 70 g Wasser, in dem 1 g Chininhydrochlorid gelöst ist. Eine Erklärung für die Anwendung müssen Sie allerdings geben, sonst darf er sie Ihnen nicht herstellen. Die so betupfte Knospe schmeckt derartig gemein bitter, daß selbst ein hungriger Dompfaff sofort abläßt.

7.5 VIRUSERKRANKUNGEN, NEMATODEN

Wir kommen zu einer Gruppe von Krankheitserregern, bei denen wir überhaupt nichts machen können. Wenn plötzlich junge Triebe verdorren, Blätter sich einrollen, ganze Pflanzenpartien absterben, ohne daß irgendwie ein Nährstoffmangel vorliegt oder die anderen hier beschriebenen Krankheiten aufgetreten sind, so handelt es sich wohl um sogenannte Viruserkrankungen. Es hilft nichts, dieser Stock muß heraus, er wird verbrannt oder mit dem Sperrmüll weggegeben. Er kommt also nicht auf den Komposthaufen.
Nematoden, auch Älchen oder Fadenwürmer genannt, sind winzig kleine, im Boden lebende Würmer, die bei starker Vermehrung ebenfalls großen Schaden anrichten können. Auch hier kümmert der Stock bei sonst guter Ernährung und geht schließlich ein.
Es gibt hierfür Spezialpräparate, für den Hobbygärtner ist das aber nichts. Im schlimmsten Fall muß der Weinstock heraus, evtl. sogar voller Fruchtwechsel erfolgen, d.h. für ein, zwei Jahre eine ganz andere Pflanze an dieser Stelle angepflanzt werden, ehe man wieder von vorne beginnt. Zum Glück kommen aber diese beiden Schädlingsarten selten vor, und im Hausgarten mit der von mir empfohlenen Unterbepflanzung ist fast nicht mehr damit zu rechnen – hier haben diese Älchen genug andere Möglichkeiten, sich zu ernähren und sind nicht, wie in der Monokultur, ausschließlich auf die Weinstockwurzel angewiesen.

7.6. MANGELERKRANKUNGEN

Hierunter verstehen wir Mangelerscheinungen durch fehlende Nährstoffe. So bleiben z.B. bei Stickstoffmangel die Triebe kurz, die Pflanze wirkt saft- und kraftlos. Kalimangel läßt die Blätter im Sommer rotbraun werden. Eisen- oder Manganmangel bleicht dagegen die Blätter zum Gelbgrünen, ja bis zum Gelben hin aus. Um Einzelheiten zu beschreiben, würde dieses Kapitel überlang werden müssen. Bei der von mir empfohlenen Anbau- und Düngemethode aber werden Sie unter diesen Mangelerscheinungen nicht zu leiden haben.

Mit einer bestimmten Blattverfärbung bzw. einem Mangel müssen Sie jedoch rechnen: Regnet es einmal außergewöhnlich lange, d.h. etwa drei bis fünf Tage hintereinander, so können die Blätter nicht mehr richtig assimilieren. Sie verlieren auch durch die ständige Befeuchtung ihre »Pumpfunktion«, mit der sie das Bodenwasser, in dem ja die Nährstoffe gelöst sind, heraufholen. Sie werden dann hellgrün bis gelb, schlaff und weich.

Hier heißt es, sofort nach dem Ende des Regens auf die dann abgetrockneten Blätter mit der Spritze eine sogenannte Blattdüngung aufzutragen.

Hierzu nimmt man eine 2 bis 3%ige Lösung eines voll wasserlöslichen Düngers mit hohem Stickstoffanteil, z.B. „Wuchsal-Suspension“® Typ 1 oder 6, bzw. ein ähnliches Produkt. Auch reiner Harnstoff, den Sie in jeder Apotheke kaufen können, ist hervorragend.

Das wirkt sofort; in ein bis zwei Tagen, trockenes Wetter vorausgesetzt, ist das Blattwerk wieder grün. Sie sollten es sich überhaupt zur Gewohnheit machen, bei *jeder* Spritzung etwas Blattdüngung in sehr geringer Konzentration, ca. 1%ig, zuzugeben, dadurch werden auch die Spritzmittel besser vertragen.

7.7 PFLANZLICHE SCHÄDLINGE

Hierunter versteht man alle solchen Pflanzen, die unseren Kulturpflanzen durch Wasserentzug, Nahrungsstoffentzug oder auch durch ihre Rank- und Klettereigenschaften Schaden zufügen können. Neben bestimmten tiefwurzelnden Unkrautarten gehören dazu auch solche Pflanzen, die starkes eigenes Milieu verbreiten, wie Meerrettich, Zwiebelgewächse, Laucharten oder Nelkenarten.

In jedem Fall gehört natürlich die hochkletternde Winde dazu, die, wenn man sie nicht rechtzeitig abreißt, in kurzer Zeit einen ganzen Weinstock überwuchern kann.
Alle diese Dinge werden bei uns im Garten kaum vorkommen, denn durch das ständige Mulchen wird auch das Unkraut niedrig gehalten, es kann sich gar nicht übermäßig entwickeln. Und wenn sich etwas hochranken will – nun, wir sehen es ja und rupfen es entsprechend frühzeitig aus.
Ich weise hier noch einmal auf das Buch von Lenz-Moser »Weinbau einmal anders« hin, das sich gerade diesem Thema besonders gründlich widmet und eine genaue Klassifizierung der sogenannten rebfeindlichen und rebholden, sowie auch der rebneutralen Pflanzen vorgenommen hat. Siehe 12.1.

7.8 ÜBER SPRITZEN UND STÄUBEN – GERÄTE UND TECHNIK

Vor Beginn des 19. Jahrhunderts kannte man überhaupt keine Methoden, um seine Weinpflanzen zu behandeln. Dann wurde die Staubspritze eingeführt, mit der man zunächst den Schwefel ausbrachte, um den echten Mehltau zu bekämpfen. Anschließend erfand man die Rückenspritze, und heute wird in Großbetrieben vorwiegend mittels großer Gebläsemaschinen gesprüht. Auch für den Hausgarten gibt es kleine Rückenmotorspritzen. Mich haben sie nicht begeistert – der Effekt mag gut sein, störend war für mich jedoch stets, daß zuviel unkontrolliert in dei Gegend hineingeweht wurde – oft zum Schaden der Bienen. Das Stäuben mittels kleiner Handstäubemaschinen ist sicher auch eine gute Methode; aber abgesehen davon, daß man nur bei Windstille arbeiten kann, meine ich, daß zuviel der Stäubepräparate verwendet wird, d. h. die Konzentration des Präparates wird unangemessen hoch. Kurz – ich bleibe bei der guten, bewährten Rückenspritze. (Eine Motorspritze lohnt sich erst, wenn Sie mindestens 1000 m^2 behandeln können.) Hier kann ich wählen zwischen hohem oder schwachem Spritzdruck, großer oder kleiner Düse, so daß ich sehr feucht oder ganz fein sprühe; mit dem Spritzrohr kann ich direkt am Stamm entlang fahren, oder auch jede einzelne Traube behandeln – je nachdem, was ich spritze, oder was ich gerade besonders schützen möchte. Auch ist sie jederzeit schnell einsatzbereit.

Für unseren Mustergarten sollten Sie eine Spritze mit einem Behälterinhalt von ca. 15 Liter Inhalt haben.
Kaufen Sie möglichst eine Kolbenspritze – der Druck ist höher als bei einer Spritze mit Membrantechnik. Kaufen Sie ein *gutes* Gerät aus Messing oder Stahl – es hält Ihnen glatt 20 Jahre. Wählen Sie kein Sonderangebot einer unbekannten Marke, sondern kaufen Sie eine Markenspritze eines bekannten Herstellers, der Ihnen für Ersatzteile und etwa notwendig werdende Reparaturen Sicherheit bietet.
Sie brauchen entweder zwei Spritzrohre, eines mit 80 cm und eines mit 1,50 m Länge, oder ein ausziehbares Teleskoprohr. Bei der Spritzdüse verzichten Sie auf alle Besonderheiten und verwenden einen einfachen Viertelbogen mit drei verschiedenen, jeweils aufschraubbaren Sprühköpfchen mit Wirbeleinsatz.
Diese Köpfchen sind gekennzeichnet durch ein, zwei oder drei umlaufende Ringe, jeweils verwendbar für feinste Sprühungen, normaler Einsatz oder, bei drei Ringen, wenn es einmal darauf ankommt, sehr feucht mit viel Spritzbrühe zu spritzen. Das Köpfchen mit den zwei Ringen werden Sie am meisten benutzen.
Sie spritzen mit einer solchen Kolbenspritze mühelos mit 2 bis 3 atü

Abb. 55 und 56: Spritzrohr mit Momentabstellventil 1 m lang (oben). – Darunter drei Spritzdüsen mit jeweils verschiedener Öffnungsgröße und ein Viertelbogen, so daß man die Blätter besser von unten besprühen kann.

– Ihr normaler Spritzdruck, erreichen aber auch 4 bis 5 atü, wenn es z. B. darum geht, *in* die Trauben mit hohem Druck bei der Abschlußspritzung hineinzusprühen. Andererseits können Sie aber auch ganz weich und feucht mit wenig Druck spritzen, wenn es sich, wie bei der Winterspritzung, darum handelt, den Stamm und die Reben mit viel Flüssigkeit richtig abzuwaschen.
Eine Spritzenfüllung langt im Frühling für den halben Mustergarten; im Hochsommer brauchen Sie dann wohl bis zu vier und fünf Füllungen, um die 500 m^2 Rebfläche ausreichend zu behandeln.
Kaufen Sie sich gleich einige Dichtungsscheiben für alle Schraubenverschlüsse mit; die Dinger werden gerne hart, und es tropft dann.
Bestehen Sie auf einem guten, handlichen Momentventil als Handgriff. Gegebenenfalls lassen Sie sich hier ein teureres Modell einbauen, nicht die sehr einfachen, kleinen Ausführungen, die oft mitgeliefert werden.
Es ermüdet nämlich nicht die Hand, die pumpt, sondern die Hand, die die Spritze hält, führt und gleichzeitig das Ventil betätigt. Die heute selbst bei Markenspritzen mitgelieferten Spritzventile, Rohre und Düsen aus Kunststoff sind nicht gebrauchstüchtig oder langlebig – bestehen sie auf Messing- bzw. Broncearmaturen.
Wie wird gespritzt? Im Frühjahr, d. h. bei der Austriebs- und Knospenspritzung, mit normaler oder großer Düse mit geringem Druck und von allen Seiten, so daß der Stamm gründlich benetzt wird. Im Sommer, d. h. bei voller Trieb- und Blattentwicklung, immer von *unten nach oben* mit mittlerer Düse und kräftigem Druck in das Blattwerk und in die Blüten bzw. Fruchtstände hinein. Die Stammbenetzung entfällt.
Das Spritzen des Blattwerkes von unten ist so wichtig, weil sich alle Schädlinge und insbesondere alle Pilze vorwiegend auf der Blattunterseite entwickeln.
Im Spätsommer und bei der Abschlußspritzung das Blattwerk nur noch wenn unbedingt nötig spritzen, d. h. also bei Pilzbefall, sonst nur noch die Trauben, indem man *in* sie mit einem kräftigen Druck hineinsprüht, um auch das Innere des Traubengerüstes zu erreichen.
Wann wird gespritzt? Der nachstehende Spritzkalender gibt Ihnen einen Anhalt. Ähnliche Spritzpläne geben viele Herstellerfirmen für ihre Spritzmittel jedes Jahr neu heraus, mit gleichzeitig aktueller Produktempfehlung. Wenn im Handel nicht erhältlich, schreiben Sie wegen spezieller Weinspritzempfehlungen ruhig an die betreffenden

SPRITZKALENDER für CHEMISCHE MITTEL

Bezeichnung	Zeit	Gegen	MITTEL und MENGE	für 15 l	Bemerkungen
Winterspritzung	Febr. bis März nach dem Schnitt	Am Holz überwinternde Jnsekten, Spinnen und Milben	Weissoel 3% oder Folidol®-Oel 0,5%	450 ml 75 ml	Mildes Mittel, schädigt nicht das Marienkäferchen. Ist ein Radikalmittel
Austriebspritzung (2-3 grüne Blättchen)	Mai	Schwarzfleckenkr. Oidiüm roter Brenner Milben Spinnen	Schwefel 0,6% + Vinicol® 0,25% + Metasystox R® 0,1% oder Spruzit® 0,1%	90 g 38 g 15 m 15 ml	Wenn Schwarzfleckenkrankheit sehr stark, Spritzung nach 10 Tagen nür mit Vinicol wiederholen. wirkt nicht so lange aber viel milder - fast ungiftig!
Vorblüte-spritzung	ca. Mitte Jüni	Oidiüm Peronospora Botrytis Jnsekten, Spinnen und Milben	Schwefel 0,4% + Vinicol® 0,25% + Spruzit® 0,1%	60 g 38 g 15 ml	Wenn schon sehr warm: Schwefel nur 0,2 - 0,3 %
Blütespritzg. (in die auslaufende Blüte)	ca. Anfang Jüli	Oidiüm Peronospora Botrytis	Schwefel 0,2% + Vinicol® 0,2% + Rovral® 0,075% kein Jnsektizid!	30 g 30 g 11 g	
Nachblüte- oder Sommerspritzung	Jüli bis Mitte Aügüst	Oidiüm Peronospora Botrytis Jnsekten und Würmer	Schwefel 0,2% + Kupfer + Vinicol® 0,2% + Rovral 0,075% + Spruzit® 0,1%	30 g 30 g 11 g 15 ml	ca. 2-3 Spritzungen, aber nur wenn Schäden festgestellt werden. Botrytis-Mittel und Jnsektizid nur einmal in dieser Periode spritzen Blattdüngung verwenden!
Abschlusspritzg. (4 Wochen vor der Ernte)	ca. Ende Aügüst	Peronospora Botrytis Jnsekten und Würmer.	Vinicol 0,2% + Kupfer 0,2% + Rovral® 0,075% + Spruzit® 0,1%	30 g 30 g 11 g 15 ml	Vorwiegend in die Trauben spritzen. Rovral® nur bei Botrytisbefall, Jnsektizid nur bei Wurmbefall Blattdünger nür noch nach Hagel oder Starkregen
Nach Abschluss spritzung	ca. Ende Aügüst	Wespen ünd Vögel	Fein- bzw. Grobnetze		Vor dem Netzspannen wird zum letzten Mal gemulcht.

Abb. 57

Firmen; Sie bekommen sicher einen solchen Spritzplan zugeschickt, zusammen mit noch vielen anderen bunten Prospekten.
Die in diesem und dem nachfolgenden Spritzkalender aufgeführten Markenartikel® bestimmter Hersteller stellen keine spezielle Produktempfehlung für den angegebenen Verwendungszweck dar, sie sollen nur für dieses genannte Produkt die Anwendungskonzentration bzw. die notwendige Gesamtmenge für einen Spritzbrühenansatz als Beispiel erläutern. Bestimmte Produktempfehlungen ändern sich mitunter von Jahr zu Jahr; seitherige Erzeugnisse werden aus dem Verkehr gezogen, durch neue ersetzt usw. Folgen Sie daher stets den aktuellen, neuesten Empfehlungen der Hersteller bzw. des Händlers.
Zum Spritzkalender ist noch nachzutragen, daß, wurde die Winterspritzung versäumt, auch noch der zweite, notfalls sogar der dritte Spritztermin (Vorblütespritzung) gewählt werden kann. *Eine* Frühjahrsspritzung muß aber sein.
Die Sommerspritzungen sollten durchgeführt werden, besonders wichtig sind dabei die Vorblüte-, Blüte- und unmittelbare Nachblütespritzung. Die Hochsommer- und Herbstspritzungen richten sich dagegen nach dem Zustand des Blattwerks und der Trauben, nach der Witterung und dem voraussichtlichen Erntetermin.
Die Abschlußspritzung auf die Trauben selber ist als Prophylaxe notwendig. Der Termin liegt spätestens vier Wochen vor dem zu erwartenden Erntetermin, um die sogenannten »Wartezeiten« der Spritzmittel einzuhalten.
Der Begriff Wartezeit bedeutet, daß nach gegenwärtiger Produktkenntnis und den jetzigen medizinischen Vorstellungen keine Schäden mehr von Spritzmittelrückständen auf den Beeren für den Menschen zu erwarten sind. Die Ansichten über diese Erkenntnis wechseln aber ständig. Trauben mit Spritzmittelrückständen zum Verzehr müssen immer vorher gewaschen werden! Zur Weinbereitung mag man großzügiger sein, da durch den Gärprozeß und die nachfolgende Klärung die Spritzmittelreste weitgehend entfernt werden.
Immerhin, je weniger Mittelreste vorhanden sind, umso besser. Wieder ein Grund mehr, so wenig wie möglich zu spritzen, bzw. sogenannte biologische Mittel zu bevorzugen, wenn sie eingesetzt werden können.
Aus diesem Plan ergibt sich, daß Sie unter Umständen mit fünf Spritzungen auskommen, normalerweise aber acht Spritzungen durchführen. Dieses gilt jedoch nur für die hochwirksamen chemi-

schen Produkte, die weiter unten beschrieben werden. Bei biologischen Präparaten muß man häufiger spritzen, ca. 8 bis 14 mal, da sie in ihrer Wirkung zwar auch befriedigen, aber keineswegs so lange vorhalten. Näheres hierüber weiter unten.

7.8.2 DIE MITTEL – ALLGEMEIN

In früheren Zeiten standen die Winzer den üblichen Pilz- oder Insektenschäden – besonders der Sauerwurm zerstörte manchmal ganze Ernten – einfach hilflos gegenüber. Sie hatten nichts, um Pflanze und Ernte zu schützen und mußten regelmäßig Ernteausfälle von 40 bis 90 % in Kauf nehmen. (Ein Grund, weswegen früher die Weinanbauflächen viel größer waren als heute.) Mitte des vorigen Jahrhunderts entdeckte man dann, daß z.B. mit Schwefel, mit Kupferkalkbrühe und auch mit Arsen gegen Pilze und Würmer vorgegangen werden konnte. »Gespritzt« wurde anfänglich mit einem Reisigbesen, erst Mitte des 19. Jahrhunderts kam die Rückenspritze auf.
Nach dem Ersten Weltkrieg wurden die Mittel dann wirkungsvoller und auch ungefährlicher für den Menschen. Von einer wirklich umfassenden Hilfe kann man aber erst seit den fünfziger Jahren sprechen, als immer speziellere, immer feiner abgestimmte und auch immer mehr Präparate auf den Markt kamen. Heute ist die Situation bei den chemischen Präparaten fast unübersehbar geworden – es gibt für jeden möglichen Schaden vielmal gleiche oder sehr ähnliche Produkte von höchster Wirksamkeit.
Aber – das Rad dreht sich wieder zurück! Heute wird einfach überspritzt.
Und merkwürdigerweise gibt es Krankheiten und Schädlinge unverändert weiter, ja man hat sogar das Gefühl, noch mehr als früher. Der Grund ist darin zu suchen, daß sich diese Schadorganismen schneller an die Gifte anpassen und dann trotz Bekämpfung lebensfähig bleiben, als neue Produkte erfunden werden. Angeblich soll es heute bereits über 400 Insektenarten geben, die gegen die derzeitigen Insektizide in ihren erlaubten Anwendungskonzentrationen praktisch immun sind.
Auch kommt wegen der stetig wachsenden Kosten und natürlich auch hinsichtlich etwaiger Gesundheitsrisiken eine Rückbesinnung, inwieweit dieser rein chemische Weg überhaupt der richtige war.

Heute fragt man sich ernsthaft, ob nicht durch aktiveres Bodenleben, neues Pflanzgut, andere Pflanz- oder Schnittmethoden und pflanzenstärkende bzw. ungiftige Schädlings*abwehr*produkte mehr erreicht werden kann, als durch die seitherigen reinen Vernichtungspräparate.
Dieses Buch will ja mit dazu beitragen, daß die neuen Ideen, die sich beim berufsmäßigen Winzer infolge der damit verbundenen Mehrarbeit schwerer durchführen lassen, im Hausgarten schon jetzt zum Tragen kommen können.
In der nachfolgenden Mittelbeschreibung werden daher beide Spritzmittelgruppen erwähnt. Auf die biologischen Spritzmittel kann erst dann übergegangen werden, wenn feststeht, daß durch die anderen Pflanzenanbau- und Behandlungsmethoden eine fortschreitende Gesundung des Bodens und der Pflanze erreicht worden ist.
Festzustellen ist aber auch, daß die hohe *vorbeugende* Spritzfolge, wie sie von der Industrie gewünscht und empfohlen wird, im Hausgarten bestimmt nicht nötig ist. Unsere ständige Beobachtung ersetzt die Prophylaxe.

7.8.3 DIE CHEMISCHEN SPRITZMITTEL

Bestimmte Präparate möchte ich hier nicht empfehlen, um keinen Hersteller zu bevorzugen, weil ständig neue Produkte auf den Markt kommen. *Alle* Erzeugnisse sind dabei von der Biologischen Bundesanstalt Braunschweig geprüft und unterliegen strengen Kriterien, ehe sie verkauft werden dürfen.
Für ein bestimmtes Insekt, einen Pilz oder sonstige Krankheiten empfohlenen Erzeugnissen können Sie daher immer dann Vertrauen schenken, wenn die Verpackungen das Zulassungszeichen aufgedruckt tragen. Andere Mittel darf der Handel lt. Pflanzenschutzgesetz überhaupt nicht verkaufen.
Nachfolgend daher lediglich eine Gruppeneinteilung der verschiedenen Erzeugnisse:
Gegen *echten Mehltau (Oidium)* wirkt unverändert der feinstverteilte Schwefel. Bevorzugen Sie Produkte mit hoher Schwebefähigkeit in der Spritzbrühe, sonst liegt der Schwefel womöglich am Boden des Sprühbehälters. Die Anwendungskonzentrationen werden genau vorgeschrieben. Sie liegen je nach Jahreszeit bei 0,2 bis 0,6 %. Je

wärmer es wird, um so geringer muß die Konzentration sein, da sonst Blattschäden auftreten. Dieser feinstvermahlene, natürliche Schwefel, der ja mineralischen Ursprungs ist, stellt für mich kein »chemisches Präparat« dar. Seine mögliche Giftwirkung auf den Menschen ist auch als nur sehr gering anzusehen.

Gegen den *falschen Mehltau (Peronospora)* werden heute allgemein die sogenannten »Weißspritzmittel« angewendet. Es sind hochwirksame, komplizierte organische Verbindungen, die problemlos anzuwenden sind. Weißspritzmittel mit Kupferzusätzen bringen dabei neuerdings wieder Vorteile, besonders wegen der geringeren Geschmacksbeeinflußung des späteren Weines und der besseren Gärfähigkeit des Mostes. Die Mittel wirken gleichzeitig auch gegen Milben und einige sonstige Pilzerkrankungen, z.B. die Schwarzfleckenkrankheit.

Gegen den *Grauschimmel (Botrytis)* gibt es sehr teure Spezialmittel, die eine hervorragende Wirkung zeigen, auch dann, wenn eine Infektion bereits erfolgt ist. Es handelt sich um die sogenannten Botrydizide. Haben Sie in den Trauben die Botrytis, kommen Sie um dieses Produkt nicht herum, die biologischen Produkte reichen in ihrer Wirkung hier nicht aus.

Spinnen und Milben erfordern keine besonderen Mittel, da sie durch die Pilz- und Insektenpräparate genügend niedergehalten werden. Nur dann, wenn z.B. die Rote Spinne *sichtbar* überhandnimmt, wird eine Sonderspritzung mit einem Akarizid angebracht sein.

Insekten, Würmer usw. werden alle gemeinsam mit einem Universalinsektizid bekämpft. Ein- bis zweimalige Anwendung im Jahr genügt, sofern eine gute Winterspritzung erfolgt ist. Als ein solches Universalinsektizid gilt u.a. das rein pflanzliche Erzeugnis »Pyrethrum-Emulsion«, das sich durch hohe Wirksamkeit einerseits und durch sehr schnellen Abbau andererseits auszeichnet, so daß langwirksame Rückstände auf den Trauben nicht mehr vorkommen.

Alle hier genannten Wirkstoffe können in einer einzigen Spritzbrühe gemeinsam verspritzt werden – eine außerordentliche Arbeitsvereinfachung.

Meine Empfehlung: Wechseln Sie von Jahr zu Jahr die einzelnen Produkte bzw. die Herstellerfirmen, so daß in Ihrem Garten keine Gewöhnung auf dieses oder jenes Produkt eintritt.

Meine weitere Empfehlung aber: Versuchen Sie immer, mit möglichst wenigen Spritzungen auszukommen und langsam überzugehen auf biologische Produkte.

7.8.4 DIE BIOLOGISCHEN MITTEL

Es muß klar gesagt werden, daß alle sogenannten »biologischen« Mittel in ihrer Wirkungsintensität nicht verglichen werden können mit den chemischen Präparaten!
Ihr großer Vorteil liegt natürlich in ihrer Ungiftigkeit. Keine heute noch unbekannten Rückstände brauchen uns mehr zu kümmern, keine Wartezeit brauchen wir einzuhalten – ein sehr beruhigendes Gefühl für unsere Gesundheit, aber letztlich auch für eine gute Gärfähigkeit des Mostes, ohne unerwünschten Beigeschmack.
Nur im Zusammenhang mit allen hier im Buch empfohlenen Vorschriften über Humus, Düngemittel, Schnittmethoden usw., ergeben biologische Präparate eine ausreichende Wirkung.
Auch müssen sie, wie bereits erwähnt, doppelt so häufig aufgetragen werden, damit wir einen Erfolg erzielen. Also unbefriedigend? Aber nein! Gelingt es nämlich, Ihren Weingarten ohne Gift zu pflegen, so ist das jede Mühe wert. Denn: Die Nachsilbe »-zid« bei den chemischen Produkten heißt stets »Gift«. Hiervon wollen wir so wenig wie möglich im Garten anwenden.
Wie wirken nun die biologischen Mittel? Nun, sie töten nicht, sondern kräftigen die Pflanzen, damit sie nach Möglichkeit mit den Schäden selber fertig werden, oder aber sie wehren die Schädlinge ab. Dieses geschieht insbesondere durch eine Umstellung des Säuren-Basen-Verhältnisses auf den Blättern und der Frucht; d.h. die Schädlinge, die ja auch Lebewesen sind, fühlen sich in dem leicht geänderten Milieu nicht mehr wohl, sie wandern gar nicht erst zu bzw. gehen wieder fort.
Zum Einsatz kommen bevorzugt pflanzliche bzw. mineralische Mittel, auch Schwefel und Kupfer gehören dazu.
Um aber das gewünschte Ziel zu erreichen, muß die *ganze Vegetationszeit* hindurch ein feiner Film derartiger Produkte sozusagen als Dauerschutz auf den Pflanzen vorhanden sein, bzw. die Pflanzenstärkung muß rechtzeitig erfolgen, damit eine gute Wirkung erzielt wird.
Wie sieht das im einzelnen aus?
Winter-, Frühjahrs- bzw. Austriebsspritzungen werden mit Mitteln, die aus Pflanzenpulvern oder Pflanzenjauchen bestehen, durchgeführt. Vorzugsweise verwendet man hier Ackerschachtelhalm, Brennessel und auch Meeresalgenpräparate, ggf. unter Zugabe von Schwefel 0,1%ig.

Für die Sommerspritzungen verwendet man eine 3 bis 5%ige Wasserglasmischung in Wasser (in Wasserglas legte man früher Eier ein, chemisch handelt es sich um Natriumsilikat), das noch aufgebessert wird mit einer 3%igen Zugabe eines *allerfeinst* vermahlenen Steinmehles sowie eines Blattdüngers bzw. einer Blattjauche, bestehend wiederum aus Brennesseln oder Ackerschlachtelhalm bzw. auch Meeresalgen. Bei Gefahr echten Mehltaues wird noch Schwefel 0,1% zugegeben.
Für die Herbstspritzung verwendet man erneut Wasserglas 3%ig, mit Steinmehl 3 % versetzt, unter Umständen in Verbindung mit einem Kupfermittel 0,2 %, sofern Pilzinfektionen auf den Beeren festzustellen sind.
Alle diese Produkte wirken gleichzeitig auch gegen *schwachen* Insektenbefall.
Bei stärkerem Insekten- oder Wurmbefall verwendet man das bereits empfohlene rein pflanzliche Insektizid Pyrethrum, das es in Emulsionsform zu kaufen gibt und zwar in einer 0,1%igen Lösung. Das Produkt ist u.a. unter dem Markennamen »Spruzit« im Handel erhältlich.
Das ist alles. Erhältlich sind diese Erzeugnisse u.a. über Spezialversandfirmen, die im Anhang genannt werden. Fordern Sie Prospekte an. Die einzelnen Produkte enthalten jeweils genaue Gebrauchsanleitungen.
Hier noch ein Hinweis, wie Sie selber Pflanzenjauchen ansetzen können: Zwei Hände voll frischer Brennesseln und zwei Hände voll frisch gesammelten Ackerschachtelhalmes – die Hände können reichlich voll sein! – füllen Sie in einen 10-Liter-Steinguttopf und übergießen das Ganze mit Wasser. Dieser Topf bleibt an der frischen Luft stehen, bis der Inhalt anfängt zu gären, kenntlich daran, daß Bläschen aufsteigen und ein unangenehmer Geruch sich bemerkbar macht. Acht bis zehn Tage müssen Sie schon warten.
Dann rühren Sie noch einmal kräftig um, seihen den Inhalt des Topfes durch ein großes Sieb, und Sie haben ein Spritzmittelkonzentrat, das Sie im Verhältnis 1:3 bis 1:5, d.h. ein Teil Spritzmittelkonzentrat, verdünnt mit drei bis fünf Teilen Wasser, als Spritzbrühe verwenden können. In diese verdünnte Brühe geben Sie dann noch das Wasserglas bzw. rühren ein Kupferpräparat hinein, oder geben auch, wenn notwendig, die Pyrethrumemulsion hinzu.
Wird Steinmehl dazugegeben, so gehen Sie wie folgt vor: Einsatz z.B. 3 % = auf 15 L Spritzbrühe 450 g. Sie wiegen 20 % mehr ab, also

540 g, verteilen die Menge auf zwei Wassereimer, die mit je ca. 5 Liter Wasser gefüllt werden. Dann *kräftig* umrühren und nach ca. 1 bis 2 Minuten die Brühe abgießen bzw. in den Spritzbehälter füllen. So kommen nur die feinsten Steinmehlpartien zum Einsatz, der grobe Satz bleibt im Eimer, die Spritze wird nicht beschädigt bzw. verstopft.
Von der Pflanzenjauche, d.h. dem Konzentrat, fügt man nun 3 Liter hinzu, rührt Kupfer bzw. sonstige Zugaben in 2 Liter Wasser an – fertig ist der 15-Liter-Spritzbrühenansatz.
Ich kenne biologisch arbeitende Weinbauern, die in die beschriebenen Pflanzenjauchen noch eine Handvoll Thymian, Rosmarin oder Lavendel hineingeben und mitvergären lassen. Die starken ätherischen Öle dieser Pflanzen sollen besonders gute insektenabwehrende Eigenschaften besitzen.
In jedem Fall besitzt diese Pflanzenjauche eine hohe Blattdüngewirkung, sie enthält aber auch heute noch nicht exakt erfaßte Abwehrstoffe gegen Schadorganismen.
Die Wirkung des Wasserglases, als Spritzmittel verdünnt, beruht auf seinem hohen Silikatgehalt und einer ganz feinen Milieuumstellung bezüglich des pH-Wertes, der gegenüber dem normalen pH-Wert des Blattes sich in die basische Richtung hin verschiebt.
Bei den biologischen Gartenbauern sind diese Spritzmittel mit nachweisbar guten Erfolgen schon seit Jahrzehnten in Anwendung. Sie sind also gar kein Geheimnis und erst recht keine neue Erfindung. Und – Sie sind billig. Nur mehr Arbeit machen sie eben.

7.8.5 BLATTDÜNGUNG

Unsere Pflanzen sind in der Lage, das notwendige Wasser und die Nährstoffe auch durch die Blätter aufzunehmen. Anders wäre es ja nicht möglich, daß Wüstenpflanzen überhaupt überleben: sie verwenden den Tau der Nacht, um den Wasserhaushalt auszugleichen.
Immer mehr nutzen daher Berufsgärtner die Möglichkeit, bei schnellem Wasser- oder Nahrungsbedarf eine Blattdüngung vorzunehmen.
Natürlich kann die Blattdüngung niemals eine gute Bodenversorgung ersetzen; sie ist aber in der Lage, sehr schnell einen Effekt zu erzielen, um so der Pflanze über einen akuten Mangel hinwegzuhelfen.
Gibt man sofort nach einem Dauerregen, nach einem heftigen Gewit-

ter mit Hagelschlag oder nach festgestellten leichten Mangelerscheinungen eine Blattdüngung, so ist die Wirkung meist schon nach 24 Stunden feststellbar.
Würde man dagegen auf den natürlichen Nahrungsnachschub aus dem Wurzelwerk warten, so kann es bis zu zehn Tagen dauern, bis sich eine geschädigte Pflanze wieder regeneriert hat. Zehn Tage, die also ausfallen für eine gute Versorgung der Frucht und der Blätter. Mithin also auch zehn Tage Reifeverzögerung.
Eine Reihe hervorragender Blattdüngemittel werden im Handel angeboten, zum Teil mit ganz bestimmten Nährstoffkonzentrationen, wie wir sie gerade bevorzugen. Ich selber habe seit mehreren Jahren ein natürliches Aminosäure-Produkt (Aminosäuren sind die Bausteine allen Lebens) mit großem Erfolg angewendet. Es ist unter dem Namen »Siapton« im Handel. S. 12.2.
Informieren Sie sich bitte im Fachhandel über die vielen Möglichkeiten, die es auf diesem Gebiet gibt.
Im übrigen ist jede Spritzung mit einer Pflanzenjauche, wie weiter vorn beschrieben, auch eine Blattdüngung, denn die in der Jauche enthaltenen Nährstoffanteile der verwendeten Pflanzen können voll und sofort von den damit besprühten Blättern aufgenommen werden.

7.9 MEINE SPRITZEMPFEHLUNGEN

Wie Sie aus den vorangegangenen Kapiteln immer wieder herausgelesen haben, liebe ich den chemischen Pflanzenschutz nicht, muß jedoch erkennen, daß man andererseits auf ihn nicht, oder, besser gesagt, nicht ganz verzichten kann. Ich stelle bei den nachfolgenden Spritzempfehlungen alles auf den Gesundheitszustand meines Weingartens ab und verlasse mich dabei auf meine Beobachtungen. Ich rechne fest damit, daß durch die *nicht treibenden* Düngevorschriften, den Unterbewuchs, die klaren Schnittempfehlungen usw. die Weinstöcke hervorragend gesund sind. Warum dann also permanent mit doch letztlich giftigen Vorbeugungsmitteln ständig sprühen?
Auf diesen Überlegungen ist der nachfolgende Spritzplan aufgebaut, wohl wissend aber, daß immer dann auf chemische Mittel zurückgegriffen werden muß, wenn durch besondere Witterungsumstände ein größerer Schaden zu befürchten ist.

„MEIN" SPRITZKALENDER BIOLOGISCH und CHEMISCH

BEZEICHNUNG	ZEIT	GEGEN	MITTEL	für 15 l	BEMERKUNGEN
Winterspritzung	Febr. bis März nach dem Schnitt 1 x	Am Holz überwinternde Schädlinge	Weissoel 3 %	450 ml	Stamm, Äste und Reben von allen Seiten „nass" einspritzen.
Austriebspritzung (2-3 grüne Blättchen)	Mai 2 x	Pilze	Schwefel 0.5 % Vinicol® 0.25 %	75 g 38 g	
		Insekten	Wasserglas 3 % Steinmehl 3 % Spruzit® 0,1 % Pflanzenjauche	450 g 450 g 15 ml	nur bei Insektenbefall
Vorblüte-spritzung	ca. Mitte Jüni 1 x	wie vor	wie vor		wie vor
Blütespritzg. (in die auslaufende Blüte)	ca Anfang Juli 1 x	Pilze	wie vor aber Schwefel nur 0,2 %	30 g	Wenn kein Pilzbefall fest= stellbar und Pflanzen auch im Vorjahr schon gesund waren, kann Schwefel und Vinicol® entfallen.
Nachblüte- oder Sommerspritzung	Jüli bis August 4 x	Pilze	Wasserglas 3 % Steinmehl 3 % Pflanzenjauche	450 g 450 g	
		Insekten und Würmer	Spruzit® 0,1 %	15 ml	nur 1x und nur bei Befall
Abschlussspritzg. (4 Wochen vor der Ernte)	ca Ende August 1 x	Pilze	Wasserglas 3 % Steinmehl 3 % Kupfer 0,2 % Pflanzenjauche Rovral® 0,075	450 g 450 g 30 g 11 g	 nur bei Botrytisbefall!
		Würmer	Spruzit® 0,1 %	15 ml	nur bei Wurmbefall
Nach Abschlussspritzung	ca. Ende August	Wespen und Vögel	Netze		

Abb. 58

Diese Spritzfolge weist im Hausgarten Vorteile auf, denn auch dann, wenn in diesem oder jenem Jahr einmal zur Chemie gegriffen werden muß, um die Ernte zu retten, wird die Pflanze nicht so verweichlicht, als wenn man ständig prophylaktisch spritzen würde.
Für diese Spritzempfehlung gibt es heute ein schönes Fachwort: *Integrierter Pflanzenschutz,* d.h. Schutz *zusammen* mit der Natur – jedoch nicht mehr ohne oder gar gegen die biologisch-natürlichen Verhältnisse.
Was tun Sie, wenn Sie nun aber schon einen Weingarten hatten, der sozusagen »chemisch verwöhnt« war? Ganz einfach, Sie arbeiten zunächst weiter wie bisher, spritzen aber zugleich die biologisch empfohlenen Produkte und fangen an, *von hinten* mit den chemischen Mitteln einzusparen. Also: Sind die Trauben bis zur Abschlußspritzung gesund geblieben ersetzen Sie die Fungizide durch Wasserglas-Pflanzenjauche usw. So geht man von Jahr zu Jahr mit den Spritzfolgen zurück, bis man letztlich bei den Austriebsspritzungen mit biologischen Produkten angelangt ist.
Ich selber habe sechs Jahre zur Umstellung eines solchen Weingartens gebraucht, natürlich verbunden mit allen anderen hier beschriebenen gartenpflegerischen Maßnahmen, und habe seit einigen Jahren das mir seinerzeit gesteckte Ziel erreichen und halten können. Die Erträge waren auch in der Umstellungszeit immer gleich hoch, größere Ausfälle sind nie eingetreten. Durch die biologischen Düngemaßnahmen habe ich heute einen kerngesunden Pflanzenbestand und – mir macht die Arbeit einfach mehr Spaß.
Hiermit schließt der erste Teil des Buches ab – und damit jahreszeitlich zugleich die Arbeit im Weingarten.
Er war schön – der Sommer! Die Arbeit hat auch Freude und Befriedigung gebracht. Voll Stolz betrachten Sie nun die schönen Trauben. Man kann sie essen, man kann sie auch noch viele Wochen aufbewahren, »richtig« schön wird es aber erst, wenn Sie Ihren eigenen Wein bereiten. Davon soll der zweite Teil des Buches handeln.

KAPITEL 8

Die Ernte

8.1 TRAUBENREIFE, ÖCHSLEGRADE

Ab Ende August werden die Trauben immer schwerer, die Beeren süßer, es reizt Sie, möglichst bald zu ernten. Langsam! Erst die zweite Septemberhälfte und auch der Oktober bringen die letzten, entscheidenden Zuckergrade! Erfahrungsgemäß wird im Hausgarten stets zu früh abgenommen. Als Eßtrauben verständlich – hier entscheidet ja allein die Zunge über den Geschmack. Aber für die Weinbereitung sind einfach hohe Öchslegrade wichtig, denn sonst gibt es einen dünnen, sauren Wein.
Der September ist in unseren Breitengraden meistens noch ein schöner Monat. Wie ist es aber mit dem Oktober? Es fällt die Entscheidung: lieber 5 Öchslegrade weniger, aber bei schönem Wetter ernten, oder noch etwa zehn Tage Regen in Kauf nehmen, faule Trauben riskieren und auch nicht mehr Zucker haben.
Vielleicht ist es aber auch so wie im Herbst 78 und 79: nach einem schlechten September folgt ein Traum-Oktober – es ist eine Qual.
Aber es geht auch so: Sie ernten gestaffelt, gewissermaßen ab zweiter Septemberhälfte jedes Wochenende ein Viertel des Lesegutes. Dann ist das Risiko überschaubarer, die Erntearbeit verteilt sich, und das Erntevergnügen hält noch länger vor.
Gestaffelt ernten heißt, daß man nicht etwa zuerst die roten Trauben und dann die weißen bzw. umgekehrt abschneidet, sondern bei *jedem* Stock zunächst die reifen Trauben abnimmt und die anderen noch acht bis 14 Tage oder gar vier Wochen hängen läßt.
Sie bekommen hierfür sehr schnell einen Blick und werden zudem feststellen: je weniger Trauben ein Stock nach einer Vorernte zu

ernähren hat, umso vollendeter läßt er die übrig gebliebenen ausreifen.
Machen Sie die Erfahrung selber: Etwa die Hälfte der schon reifen Trauben abgenommen – die andere Hälfte erst 14 Tage später – und Sie sind vollkommen überrascht, welch bessere Qualität sich Ihnen präsentiert. Die gleiche Qualität würde sich aber *nicht* ergeben haben, wenn Sie alle Trauben noch 14 Tage hängen gelassen hätten. Diese Empfehlung, gestaffelt zu ernten, verringert das Wetterrisiko erheblich, denn es kann Ihnen niemals mehr die ganze Ernte kaputtgehen.

8.2 VORBEREITUNGEN UND GERÄTE

Sie brauchen Zehnliter-Kunststoffeimer – mindestens zehn Stück, besser gleich 20 – sie halten ja viele Jahre. Jeder Eimer faßt, voll gefüllt, ca. 6 kg Trauben.
Eine Federwaage zum genauen Abwiegen ist nützlich, aber natürlich nur dann, wenn auch ein Heft geführt wird, in dem Sie Jahr für Jahr Ihre Erntemenge, den Zuckergehalt, die Mostausbeute usw. festhalten.
Dann kommt natürlich die *Öchslewaage*.
Diese kaufen Sie entweder im Fachhandel, also in den Küfereibedarfsgeschäften, oder aber über die Drogerie. Sie ist ein wichtiges Instrument.
Es handelt sich dabei um eine Senkspindel mit eingebautem Thermometer und einer Einteilung für Öchslegrade, die anzeigt, um wieviel schwerer das Gewicht des Mostes als das des reinen Wassers bei einer bestimmten Temperatur (im allgemeinen 15°C) ist. Logischerweise machen ja die im Fruchtwasser gelösten Zucker- und Mineralanteile den Most schwerer.
Wasser hat ein spezifisches Gewicht von 1000. Sinkt nun die Spindel in einen Most, der in eine Glasröhre oder einen Meßzylinder eingefüllt wurde, z.B. bis zur Markierung 80 ein (siehe rechte Abb.), so ist das spezifische Gewicht des Mostes 1,080. Wir sprechen von 80 Öchslegrade, d.h. wir erwähnen nur die letzten beiden Ziffern, die anzeigen, daß der Liter Most 1,080 kg wiegt, gegenüber Wasser, welches genau 1,000 kg wiegen würde.
Um zum wirklichen Zuckergehalt zu kommen, muß etwas gerechnet werden. Zwei Methoden bieten sich an:

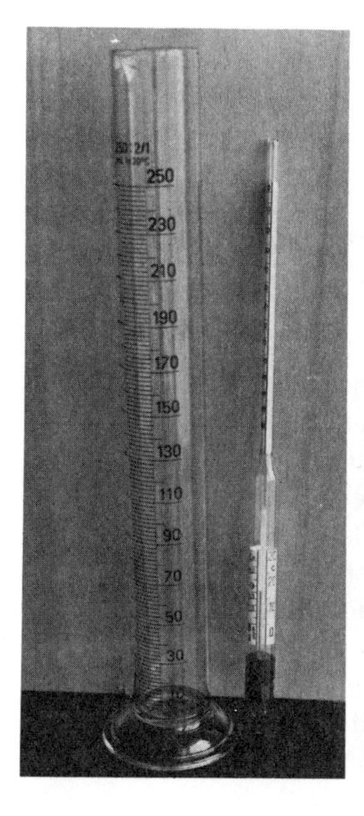

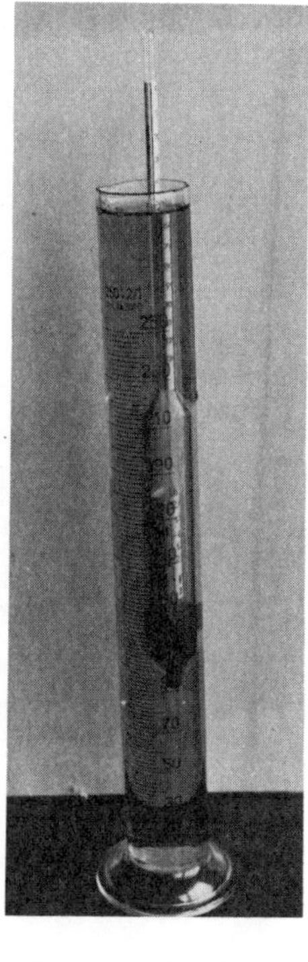

Abb. 59 und 60: Links: So sieht eine Öchslewaage aus. Unten wird die Temperatur angezeigt, weiter oben die Öchslegrade. Links im Bild der für die Messung notwendige Meßzylinder. – Rechts: Öchslewaage im Betrieb. Sie zeigt etwa 50 Öchslegrade an.

Entweder wir *verdoppeln* den ermittelten Wert und ziehen dann einfach eine Zehnerpotenz ab; d.h. 80° Öchsle × 2 = 160 = 16% Zuckergehalt. Dieses ist eine schnelle und grobe Uberschlagsrechnung.
Oder aber, und dies ist genauer, wir *vierteln* das Ergebnis der Öchslemessung und ziehen je nach der Qualität des Mostes, bei vollreifen Trauben hiervon 2, bei weniger reifen Trauben 4 Punkte ab, um den Zuckergehalt errechnen zu können.
Beispiel bei Trauben *vollreif*: 80 : 4 = 20 - 2 = 18. Dieses sagt aus, daß 1 Liter Most 18 % Zucker = 180 g pro Liter enthält.
Beispiel bei Trauben *nicht* vollreif, so daß die Saftausbeute etwas unvollkommener ist und mehr Fruchtfleischanteile im Most enthalten sind: 80 : 4 = 20 - 4 = 16. Dieser Most hat also nur 16 % Zuckergehalt, d.h. in einem Liter befinden sich nur 160 g Zucker.
Der so errechnete Zuckergehalt sagt uns zugleich, wieviel Alkoholprozente unser zukünftiger Wein haben wird – es ist genau die Hälfte. Aus 18 % Zuckergehalt des Mostes dürfen wir einen Wein mit 9 % Alkohol erwarten.
Achten Sie wenigstens ungefähr auf die Temperatureinhaltung, die

auf der Öchslewaage aufgedruckt ist. Differiert die Mosttemperatur sehr stark von der Eichtemperatur, so müssen Sie pro Grad Übertemperatur 0,2 Grad Öchsle zuzählen, bzw. umgekehrt bei kaltem Most je 0,2 Grad Öchsle pro Grad abziehen. Da die meisten Öchslewaagen aber auf 15° geeicht sind, brauchen Sie dieser Feinabstimmung nicht allzuviel Bedeutung zuzumessen.
Schon jetzt also wissen Sie, ob Sie ihrem Most später etwas Zucker zugeben sollten, um auf einen annehmbaren Alkoholgehalt zu kommen.
Wenn Sie es sehr genau nehmen, so können Sie auch noch den Säuregehalt des Mostes messen. Auch hierfür gibt es über Ihre Drogerie ein einfaches, billiges Bestimmungsgerät, einschließlich der notwendigen Chemikalien und einer genauen Gebrauchsanweisung zu kaufen. Ich selber habe es für meinen Hauswein nie verwendet, meine Zunge sagt mir genug. Auch lehne ich es ab, nun noch den Säuregehalt meines Weines zu manipulieren, beispielsweise durch Zugabe von Zitronensäure, wenn er zu wenig, oder von Kalziumkarbonat, wenn er zuviel Säure besitzt. Ich möchte deshalb auch hier auf diese Korrekturmöglichkeit nicht weiter eingehen, denn Wein ist ein Naturprodukt – er soll ruhig von Jahr zu Jahr anders schmecken.
Wenn die Ernte näherkommt, messen Sie laufend den Zuckergehalt der Trauben, indem Sie mit einer einfachen Kartoffelquetsche o.ä. eine kleine Menge Most bereiten, etwa eine halbe Stunde stehenlassen, damit der grobe Trub sich setzt und dann seinen Öchslegrad messen.
Warten Sie mit der Ernte, bis Sie *mindestens 55°* erreicht haben. Bei einem Öchslegehalt von 75 bis 80° können Sie stolz sein. Zwischen diesen beiden Reifegraden liegt, unter Berücksichtigung der Wettersituation, Ihre Ernteentscheidung.

8.3 DAS ERNTEFEST

Sie lesen richtig – die Ernte sollte für Sie ein Fest sein. Mein Rat daher: Laden Sie keinesfalls Ihre sämtlichen Freunde oder sonstige mögliche Hilfskräfte ein – das gibt nur eine Hatz, Sie fühlen sich gedrängt. Bedächtig und mit Freude wird geerntet – über jede besonders schöne Traube freut man sich und ist stolz auf das Erreichte. Der Fotoapparat darf nicht fehlen.

Beim Abschneiden der Trauben werden faule oder unreife Beeren sofort entfernt, die restlichen Trauben in den Eimer *gelegt* und nicht geworfen. Der Eimer wird dafür auf einen Hocker gestellt. Anschließend wird Eimer für Eimer gewogen.
Warum so penibel? Nun, wenn Sie einen Tag mit einem doch letztlich müden Rücken geerntet haben, sollte man nicht noch am selben Tag durchmaischen, pressen und den Saft in den Gärbehälter bringen – das verlangt ja auch Zeit und Sorgfalt. Zerdrückte Trauben aber, bzw. der ausgelaufene Saft, werden sofort braun und beginnen mit der Gärung – das sollte unbedingt vermieden werden. Über Nacht bleiben die vollen Eimer, zugedeckt zum Schutz vor Fliegen, Verunreinigung oder Regen, stehen, und am nächsten Tage geht es dann mit frischer Kraft an die Mosterei.

KAPITEL 9

Die Weinbereitung

9.1 ZUBEHÖR, GERÄTE, GÄRGEFÄSS

Das Durchmaischen und Pressen der Trauben geht im Freien vor sich; gut ist es, wenn man unter einem Freidach arbeiten kann, zum Schutz vor Regen.
Zur Vorgärung sollte man einen heizbaren Raum – also nicht einen kühlen Keller! – haben, z.B. eine Werkstatt oder eine Waschküche. Oft ist es schon in der Erntezeit empfindlich kalt, so daß der Most nur schwer zum Gären kommt; eine Raumheizung, gleich welcher Art, ist dann vorteilhaft. Die notwendige Obstmühle siehe 9.3.2, die Pressen habe ich ausführlich in 9.5 die Fässer in 9.7.3 beschrieben.

Abb. 61 und 62: Links: Ein 200-l-Gärgefäß aus Kunststoff in Nahrungsmittelqualität mit aufgesetztem Gärverschluß und Auslaufhahn. – Rechts: Gärfaß.

Für die Vorgärung sollte man sich Kunststoffbehälter anschaffen. Dabei ist es gleichgültig, ob es sich um Vierkantbehälter mit großer Einfüllöffnung oder um Kunststofftrommeln mit einem *luftdicht* abschließenden Deckel handelt.
Alle diese Kunststoffbehälter sind im Deckel mit einem Gärverschluß sowie einem Auslaufhahn versehen.
Für Rotwein brauchen Sie unbedingt die Faßform, für Weißwein ist dagegen der Vierkantbehälter sinnvoller.
Diese Gefäße gibt es von 50 Liter an aufwärts. Rechnen Sie jedoch stets zur erforderlichen Behältergröße noch mindestens 30 % Luftraum zur Einfüllmenge hinzu, um zur richtigen Größe zu kommen. Wenn Sie glauben, 150 Liter Most zu vergären, so sollte es also ein 200-l-Behälter sein.
Kaufen Sie bei Kunststoffbehältern immer nur die sogenannte »Lebensmittelqualität«. Erhältlich sind sie in jedem Haushaltwarengeschäft.
Die Anschaffung dieser Vorgärgefäße, die nur einmal im Jahr gebraucht werden, erspart Ihnen sehr viel Arbeit, so daß man sich die Ausgabe leisten sollte. Grund: Die erste Gärung ist keine so saubere Sache, im Gegenteil, fast immer läuft von der Hefebrühe etwas über, und das Behälterinnere ist vom Hebetrub und der Weinsteinablagerung bei Kunststoffgebinden noch recht leicht zu reinigen.
Bei einem Holzfaß ist das sehr viel schwerer und umständlicher. Glasballons wären natürlich gleich gut geeignet, sie sind aber sehr empfindlich, auch haben sie keinen Auslaufhahn.
Wegen des unvermeidlichen Schmutzes sollte der Gärraum auch einen leicht zu reinigenden Boden haben – die Waschküche ist da ideal.
Und noch etwas beachten Sie: Im Gärraum muß ständiger Luftzu- und -abfluß gewährleistet sein. Das sich bildende Kohlendioxidglas ist schwerer als Luft. Es soll also aus dem Raum herausfließen können, um nicht zur Gefahr für Ihre Gesundheit, ja sogar für Ihr Leben zu werden. In einer CO^2-Atmosphäre kann der Mensch nicht einmal eine Minute überleben, er erstickt sofort. Also: Fenster und die Türe leicht offenhalten, ein Spalt genügt, dann ist alles in Ordnung. Die Gärgefäße stehen tischhoch, zwei bis drei Bretter auf Böcke gelegt, ein alter Küchentisch o. ä. – mehr braucht es nicht.
Eimer zum Mosttransport haben Sie bereits; einen Trichter zum Einfüllen brauchen Sie noch, nehmen Sie einen *großen* Plastiktrich-

ter, ∅ 30 cm, erhältlich an jeder Tankstelle mit Autoshop.
Noch eine Anschaffung ist notwendig: eine schöne, kräftige Holzbutte oder ein Holzkübel, Inhalt ca. 20 Liter, auf dem die Traubenmühle sicher steht und der die gemahlenen Trauben dann aufnehmen kann. Gut geeignet für diesen Zweck sind Holzblumenkübel, die man im Gartenfachgeschäft erhalten kann.

9.2 ÜBER DIE GÄRUNG

Es mag heute etwas merkwürdig klingen, aber bis ins 19. Jahrhundert hinein stritt man sich lebhaft darüber, was eigentlich beim Gärvorgang geschieht und wodurch die Gärung überhaupt bewirkt wird. Erst so berühmte Forscher wie Pasteur, Liebig und Büchner brachten Klarheit: Gärung ist die Umwandlung von Zucker in Alkohol, unter Freisetzung von Kohlendioxid, mit Hilfe von Hefen bzw. deren Enzymen.
Die chemische Formel lautet:

$$C_6 H_{12} 0_6 \rightarrow 2\, C_2 H_5 + OH + CO_2$$

Zucker Alkohol Kohlendioxyd
100 g 51,1 g 48,9 g

Das heißt, daß aus 100 Teilen Zucker 51 Teile Alkohol und 49 Teile CO_2-Gas entstehen, das in die Luft entweicht. Ein Most von 80 Grad Öchsle aus reifen Trauben hat pro Liter 180 g Zucker, dieser wird zu 91,8 g reinem Alkohol umgewandelt; mithin hat also der Wein später rund neun Gewichtprozente Alkohol.
Es gibt eine schier unglaubliche Vielfalt an Hefen. Alle vermögen sie mehr oder weniger einen Gärprozeß in Gang zu bringen. Wir bevorzugen natürlich die Weinhefen, die doch in hohem Maße mit verantwortlich sind für eine gute Bouquet- und Alkoholbildung. So vermag eine deutsche Weinhefe z. B. bis zu ca. 12 % Alkohol zu bilden – wäre noch mehr vergärbarer Zucker im Most, so kann sie diesen nicht mehr umbilden, sondern sie stirbt an dem von ihr selbst erzeugten Alkohol. Was übrigbleibt, ist dann die natürliche, echte Restsüße. Nähme man jedoch eine portugiesische Weinhefe, so schaffte diese glatt bis zu 18 % Alkoholbildung.
Würden Sie dagegen einen Most steril kochen und damit alle darin vorkommenden Hefen töten, und gäben Sie jetzt Bäckerhefe hinein, so erreichten Sie höchstens 6 bis 8 % Alkohol und einen gar nicht schönen Beigeschmack.

Ähnlich wie mit der Bäckerhefe ist es mit den vielen anderen, sogenannten wilden Hefetypen, die ebenfalls auf der Weintraube leben oder einfach in der Luft umherschwirren.
Alle unsere Tätigkeit richtet sich also darauf, die »echten« Weinhefen zu fördern und die unechten zu unterdrücken. Deshalb eine schnelle Verbringung des Mostes in das Gärgefäß und besonders wichtig, den sofortigen Luftabschluß durch einen Gäraufsatz. Denn die echten Weinhefen können unter völligem Luftabschluß, d.h. in einer reinen CO_2-Atmosphäre, gedeihen und sich vermehren; die wilden Hefen dagegen brauchen Sauerstoff, also Luft zum Leben. Würde man die Fässer bei und nach der Vergärung offenlassen, so erhalten wir Weine aus verschiedenen Heferassen, also minderwertige Getränke, unter Umständen bekommen wir dann aber auch Essig.
Sie werden sich fragen, wo die Hefen herkommen. Nun, sie sind genauso wie die Bakterien einfach überall! Sie leben auf den Weinbergsböden, den Pflanzen und Früchten, die ganze Luft ist voll von ihnen. Logischerweise leben natürlich die echten Weinberghefen bevorzugt im Weinberg und dort auf der Traube. Verständlich daher, daß ein alter Weinberg einen viel besseren Hefebesatz zeigt als ein jung angelegter.
Die Vermehrungsfähigkeit der einzelligen Hefe ist einfach ungeheuer! Eine Zelle braucht zu ihrer Teilung ca. eine halbe Stunde. Nach einer Stunde haben wir also bereits vier Hefen, nach zwei Stunden 16 – und so geht das weiter – in 24 Stunden erreichen wir eine theoretische Hefenanzahl von 10^{17} = 100000000000000000. Auch bei der Winzigkeit der Hefezellen, die nur unter dem Mikroskop zu erkennen sind, eine so große Menge, daß sich daraus eine kompakte Masse ergibt. Daher kommt es auch, daß bei der Vergärung von 100 l Most am Ende mindestens 5 l feucht-feste Hefemasse entsteht. Dieses ist übrigens eine sehr wertvolle Substanz, die niemals in den Ausguß gehört, sondern entweder auf den Komposthaufen, auf die Beete, oder aber in den Weingarten als wertvollster Dünger zurückkommt!

9.3 DAS ENTRAPPEN UND MAHLEN

Unter Entrappen versteht man das Entfernen der Traubenstiele und -kämme von den Beeren. Unter Mahlen versteht man das Zerquetschen der Beeren.

Ein Entrappen bringt Geschmacksvorteile. Das Mahlen ist notwendig, um sofort Fruchtsaft zu bekommen.
Statt des Mahlens der Beeren mit einer Traubenmühle kann man sie natürlich auch mit einem Stampfer zerquetschen, oder, wie in früheren Zeiten üblich, mit den Füßen zertreten. Aber das hat bekanntlich schon Karl der Große als unhygienisch verboten.
Warum die beiden Vorgänge? Im Stielgerüst der Traube sind hohe Mengen Gerb- und Bitterstoffe gespeichert. Sie würden bei längerer Lagerung im Most den Geschmack sehr ungünstig beeinflussen. Deshalb werden bevorzugt rote Trauben, die ja zunächst eine Zeitlang in der vollen Fruchtmaische vergoren werden, entrappt. Bei den weißen Trauben, die gleich abgepreßt werden, ist dieses nicht nötig. Aber auch bei den Rotweinen gibt es Befürworter des Nichtentrappens. Wer nämlich einen kräftigen, gerbstoffreichen und herberen Wein lieber mag, und wer den Wein bevorzugt als Tischgetränk trinken möchte, läßt das Entrappen.
Gemahlen, gequetscht oder zerstampft werden grundsätzlich alle Trauben, gleich ob rot oder weiß, denn sonst gäbe es nicht genügend Saftausbeute beim Pressen. Eine geeignete Traubenmühle wird also immer notwendig sein.

9.3.1 TECHNIK DES ENTRAPPENS

Bei unserem Hausrotwein sparen wir uns zunächst das Entrappen, denn bei der kurzen Zeit von höchstens fünf Tagen, in der wir das volle Mahlgut vorgären lassen, ist eine geschmackliche Beeinflussung nur wenig vorhanden. Nur zu Ihrer Orientierung also: wenn Sie es einmal besonders gut meinen und dazu auch Zeit haben, dann

Abb. 63: So sieht ein selbstgebastelter Rebelrahmen aus, aufgesetzt auf den Trichter einer Traubenmühle.

entrappen Sie nach Urvätermethode. Auf einen viereckigen Holzrahmen, der genau auf den Trichter Ihrer Traubenmühle paßt, spannen Sie einen *verzinkten* Maschendraht, Masche viereckig, verlötet, Maschenweite 1,5 bis 2 cm, in jedem Eisenwarengeschäft erhältlich. Jetzt legen Sie eine Traube darauf und bewegen sie mit der Hand unter leichtem Druck hin und her. Die Beeren fallen durch den Draht, das Stielgerüst bleibt in Ihrer Hand. Sie können sich auch ein kleines Brettchen zu Hilfe nehmen, auf dem oben ein einfacher Griff befestigt wird. Statt der Hand nimmt man jetzt das Brettchen, um die Beeren durchzudrücken.
Entrappen oder nicht entrappen beim Hauswein ist das eine reine Geschmacksfrage – probieren Sie selber, ob die doch erhebliche Mehrarbeit lohnend ist.

3.2 DAS MAHLEN BZW. TRAUBENZERQUETSCHEN

Eine für den Hausgebrauch geeignete Traubenmühle besteht aus zwei Walzen, aus Sandstein, Holz oder Aluminium, die eine rauhe Oberfläche bzw. feine Riffelung haben und soweit auseinanderste-

Abb. 64: Eine preiswerte, praktische, sehr leistungsfähige kleine Traubenmühle.

hen, daß die Beerenkerne und die Traubenstiele nicht mitzerquetscht werden.
Diese Walzen arbeiten gegenläufig, sie sind unter Umständen noch mit Haken versehen, so daß die Trauben gut erfaßt und durch die Walzen gezogen werden. Es genügt ein kleines, einfaches Gerät mit Handbedienung, eine sogenannte Obstmühle, die jeder Haushaltswarenladen vorrätig hat, denn man verwendet sie auch für Apfelmost, Beerenmost usw. Eine solche Mühle wird sich immer lohnen, wenn es gilt, mehr als 50 kg Trauben zu verarbeiten. Darunter aber tut es ein einfacher Holzstampfer, mit dem man innerhalb eines kleinen Fäßchens oder des bereits erwähnten Holzkübels die Trauben zerquescht.

9.4 DIE MAISCHEBEHANDLUNG DER ROTWEINTRAUBEN

Bis zum Mahlen war die Behandlung der Weiß- und Rotweintrauben gleich.
Jetzt aber trennen sich die Wege. Der Grund ist recht einfach: Schneiden Sie einmal mit einem scharfen Messer eine Rotweintraube durch, so erkennen Sie, daß nur die Schale rot, das Fruchtfleisch aber grün ist. Quetscht man also aus Rotweintrauben sofort den Saft ab, so erhält man weißen Saft. Der feinste Champagner beispielsweise aus Frankreich wird aus Rotweintrauben frisch gekeltert. Der Farbstoff des roten Weines sitzt nur in den Schalen, er wird erst durch den Alkohol, der sich beim Gärprozeß bildet, herausgelöst.
Die durchgemahlenen Weißweintrauben, von denen wir ja keine Farbstoffe benötigen, werden sofort ausgepreßt, der süße Most kommt ins Gärgefäß, es geht weiter wie unter 9.6 beschrieben.
Die gemahlenen Rotweintrauben dagegen kommen ins Gärfaß, das höchstens bis zu zwei Drittel gefüllt wird. Auf etwa 50 kg Maische geben Sie jetzt einen Liter Rotwein, es genügt ein einfacher, billiger Landwein bzw. ein eigener Vorjahrswein; Sie fügen Reinzuchthefe, wie unter 9.6.2 beschrieben hinzu, rühren kräftig um, das Faß wird mit dem hermetisch schließenden Deckel fest verschlossen, der Gärverschluß aufgesetzt, und Sie haben Ruhe für fünf bis zehn Stunden.
Nunmehr kommt die zusätzliche Arbeit bei der Rotweinbereitung: Mindestens dreimal am Tag, morgens, mittags und abends, wird der

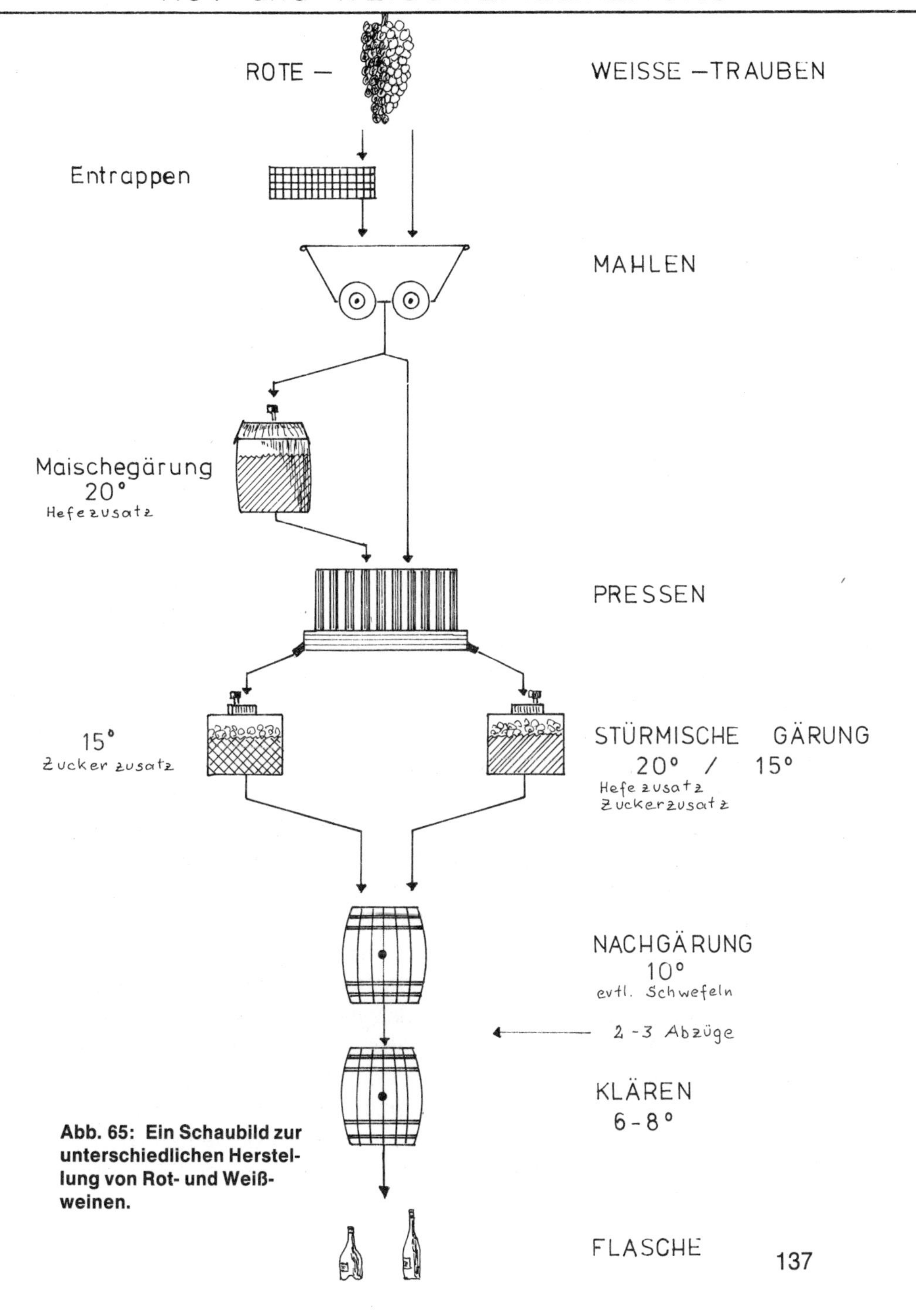

Abb. 65: Ein Schaubild zur unterschiedlichen Herstellung von Rot- und Weißweinen.

Faßinhalt gründlich verrührt bzw. der Maischehut, der sich bildet und der durch das CO_2-Gas nach oben gedrückt wird, kräftig nach unten gestoßen. Dazu basteln Sie sich ein kleines Holzbrettchen, ca. 2 cm stark, 15 x 15 cm groß, in der Mitte ein Loch, durch das ein Besenstiel hineingeschlagen wird.

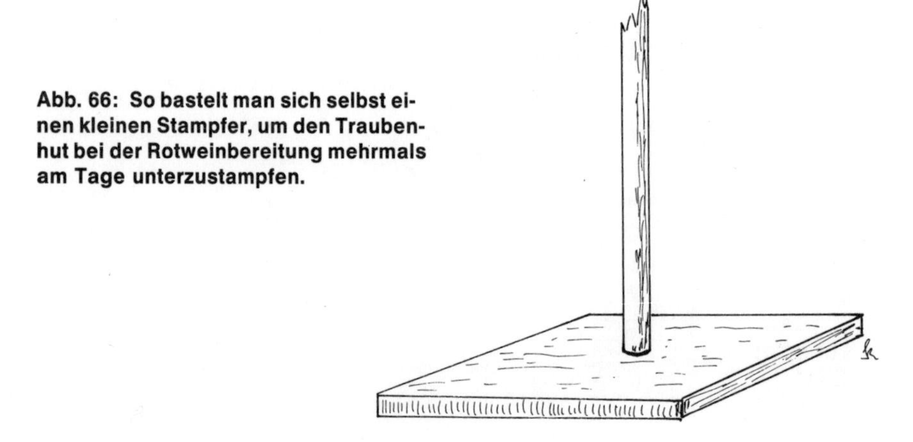

Abb. 66: So bastelt man sich selbst einen kleinen Stampfer, um den Traubenhut bei der Rotweinbereitung mehrmals am Tage unterzustampfen.

Je öfter Sie unterstoßen, je kräftiger die Maische also bewegt wird, umso größer wird die Farbausbeute sein. Durch den kleinen Alkoholschub eines zugesetzten Rotweines und durch die sofort einsetzende Gärung infolge der Reinzuchthefen wird der Most schon in 24 Stunden rosa werden.
Würden Sie ihn jetzt auspressen, hätten Sie den sogenannten Weißherbst bzw. Roséwein. Nach drei bis vier Tagen bekommt der Most schon eine schöne, rote Farbe und hat nach längstens sieben Tagen seine von Ihnen erreichbare höchste Farbintensität bekommen; ein längeres Liegenlassen im Faß bringt nichts mehr. Jetzt also wird die Maische abgepreßt, und der rote Most, der schon ganz schön alkoholhaltig ist, in einen normalen Gärbehälter, wie wir ihn auch für Weißweinmoste verwenden, zur Weitervergärung umgefüllt.
Er wird nach dem Schock durch das Pressen und Umfüllen erst einmal ruhig bleiben, aber nach ein bis zwei Tagen wieder weitergären. Zusätze irgendwelcher Art, d.h. also Hefen oder auch schwefelige Säure, sind nicht erforderlich – eine Aufzuckerung wie unter 9.7.5 beschrieben, findet jetzt, in diesem zweiten Teil der Vorgärung, nach und nach statt. Im ürbigen vergären Sie jetzt weiter wie bei Weißwein beschrieben, denn nunmehr laufen die beiden Gärmethoden wieder vollkommen gleich.

Es ist sehr wichtig, daß Sie nach jedem Öffnen des Gärfasses, d. h. also nach jedem Herunterstoßen der Maische, den Deckel wieder sorgfältig verschließen und den Gärverschluß mit Wasser gefüllt aufsetzen, so daß *keine Luft* an den Most gelangen kann. Ist das Faß dicht, so wird der Gärverschluß stets fröhlich kleppern.
Der Rotwein bringt also mehr Arbeit mit sich, er ist in seiner Herstellung aber auch interessanter, und er wirkt als Hauswein wunderbar »echt«. Zudem haben Sie es in der Hand, wie rot er werden soll. Einen ganz dunklen Rotwein, wie ihn z. B. die Franzosen bereiten, bekommen Sie nicht! Dazu bedarf es noch anderer, sehr technischer Methoden, um auch das letzte Quentchen roten Farbstoffes aus den Beerenschalen herauszuholen.
Ihr eigener Roter wird immer etwas herber schmecken als Ihr Weißer, denn logischerweise wird in der Maischegärung ja auch der in den Beerenschalen, Kernen und Stielen vorhandene Gerbstoff zu einem Teil mit herausgelöst. Das aber macht den Rotwein bekömmlicher, er beruhigt auch, im Gegensatz zum Weißwein, der stets anregend wirkt. Ein alter Erfahrungssatz besagt: Trinken Sie bis zum Mittagessen Weißwein, nach Tisch nur noch Rotwein. Roter am Abend läßt gut schlafen, Weißwein hingegen macht munter.

9.4.3 MAISCHEBEREITUNG BEIM WEISSWEIN

Wir kennen auch eine Maischebehandlung der weißen Trauben. Immer dann nämlich, wenn die Trauben nicht vollreif waren, ist es vorteilhaft, wenn auch die Weißweinmaische nicht sofort abgepreßt wird, sondern etwa drei bis fünf Stunden bzw. eine Nacht lang vor dem Pressen zunächst stehen bleibt. Die Pektine und Enzymstoffe in den Beeren schließen während dieser Standzeit das Fruchtfleisch besser auf, die Maische wird »saftiger«, dic Mostausbeute dadurch höher. Eine solche Maische wird nicht behandelt, das Faß nur gut verschlossen und kühl gestellt.

9.5 DIE PRESSE – DAS PRESSEN

Eine Weißweintraube wird gleich nach dem Durchmahlen, eine Rotweintraube nach der Maischegärung durchgepreßt, um den reinen Traubenmost bzw. den Vorwein zu erhalten.

Das Pressen ist eine Arbeit, zu der Geduld gehört. Abhängig ist man dabei von der Größe des Preßkorbes, d. h. der Menge des bei einem Arbeitsgang durchzupressenden Maischegutes.
Ein Preßvorgang, gleich ob in kleiner oder größerer Presse, dauert mindestens eine halbe Stunde. Haben Sie jetzt eine kleine Presse mit einem 20-l-Preßkorb und wollen Sie 100 kg Maische verarbeiten, so brauchen Sie also mindestens zweieinhalb Stunden – mit Reinigungsarbeiten dreieinhalb bis vier Stunden, d. h. also einen ganzen Vor- bzw. Nachmittag.
Es ist verständlich, daß bei den möglichen 500 kg Ihres Musterfeldes schon nach zwei bis drei Jahren eine größere Presse her muß. Also kauft man sich lieber gleich eine solche mit einem 50-l-Korb. Man wird auch niemals alles hintereinander ernten und gleichzeitig durchpressen wollen, auch gibt die Aufteilung in Rot- und Weißwein eine Arbeitsteilung. Eine für Ihre Größenverhältnisse genügende Mostpresse führt noch jedes Haushalts- oder Eisenwarengeschäft als Obstpresse.
Der Kostenpunkt liegt ca. bei 350,– DM. Billiger ist aber eine Kleinanzeige, denn es gibt erstaunlich viele alte, aber noch einwandfreie Pressen aus einer Zeit, da die Hausweinbereitung aus Beerenobst große Mode war. Diese alten Pressen sind nicht kaputt zu kriegen, sie genügen für Ihre Ansprüche vollkommen.

Abb. 67: Eine preiswerte, aber sehr leistungsfähige Traubenpresse.

9.5.1 EINE SELBSTGEBAUTE PRESSE

Eine weitere, elegantere Möglichkeit ist, daß Sie Ihre Presse selber bauen. Stilecht und natürlich ganz aus Holz, jedoch mit einem modernen Preßwerk – einem Autoheber mit Öldruckmechanik. Die nachfolgend beschriebene Konstruktion sieht wunderbar echt aus, sie hat sich bewährt und ist auch schon vielfach nachgebaut worden. Mancher Pfiffikus hat sich auch noch durch diesen oder jenen Zusatz verbessert. Der große Vorteil dieser Presse ist, daß sie vollständig und leicht demontiert werden kann. Die Einzelteile kann man also platzarm verstauen, auch haben sie ein geringes Gewicht.
Schauen Sie sich zunächst die Gesamtskizze an, die Einzelbilder geben Ihnen zusätzlich genaue Auskunft.

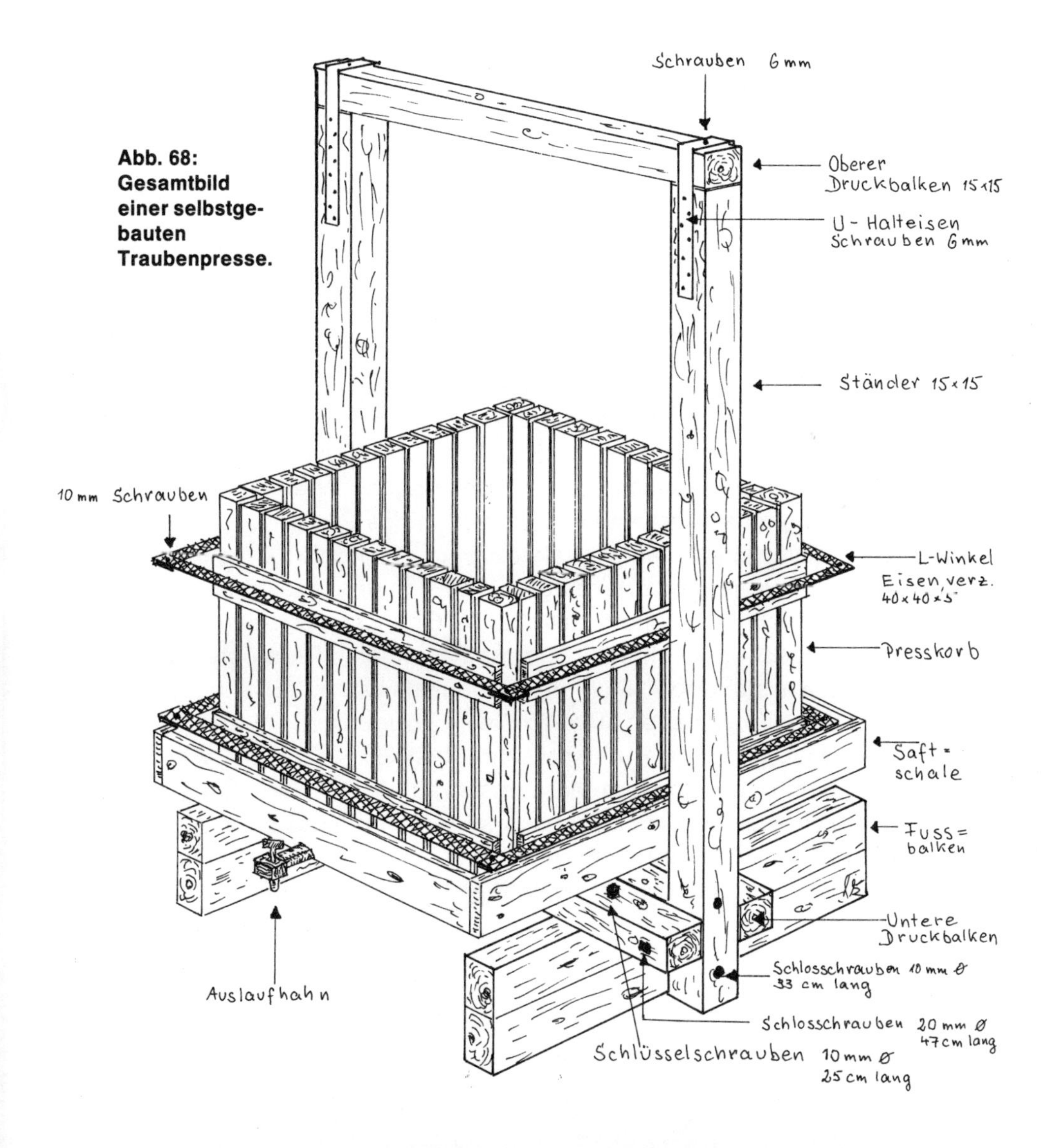

Abb. 68: Gesamtbild einer selbstgebauten Traubenpresse.

Ich nenne Ihnen zunächst den gesamten Materialbedarf:
2 Holzbalken (Fichte oder Tanne) 15 × 15 cm, 1,65 m lang für die Ständer
3 Holzbalken, 15 × 15 cm, 1,20 m lang für die Drucklager
8 Holzbalken, 15 × 15 cm, 0,43 cm lang, davon 4 für die Füße als Preßbalken.
Starke Bretter, auch Bohlen genannt, 15 × 2,5 cm, ca. 20 laufende Meter. (Wenn die Bretter 2 m lang sind also 10 Stück.)
Am besten besorgen Sie sich dieses Holz direkt bei einem Sägewerk oder einer Holzhandlung, der Einfachheit halber gleich in gehobeltem Zustand. Es sei denn, Sie verfügen über eine eigene kleine Hobelmaschine oder einen sehr guten Schleifapparat, mit dem Sie das sägerauhe Holz glatt bekommen.
Dann bestellen Sie in einer Eisenhandlung:
2 Schloßschrauben aus Eisen, 47 cm lichte Länge, ∅ 20 mm, mit etwa 6 cm Gewindelänge, einschließlich Muttern und Unterlegscheiben zum Befestigen der unteren Druckbalken am Ständer.
4 Schloßschrauben, ∅ 10 mm, Länge 33 cm, mit 6-cm-Gewindelänge, Unterlegscheiben und Muttern zum Befestigen der Füße am Ständer.
4 Holzschrauben aus Eisen, sogenannte Schlüsselschrauben, 22–25 cm lang, ∅ 10 mm zum Anschrauben der unteren Druckbalken an den Füßen.
8 L-Schienen aus Eisen, 40 × 40 mm, 5 mm Materialstärke, je 75 cm lang, wenn möglich *verzinktes* Material bestellen. Sie dienen zur Verstärkung und der Montage des Preßkorbes.
8 Schloßschrauben aus Eisen, 5 cm lang, ∅ 10 mm mit Gewinde, Muttern und Unterlegscheiben, wenn möglich ebenfalls verzinkt, zum Zusammenschrauben der L-Schienen des Preßkorbes.
2 zum U gebogene Eisen als Halterung für den oberen Druckbalken, Schenkellänge je 50 cm, U-Biegung mit lichter Weite 15 cm. Jeder Schenkel mit 8 Bohrlöchern versehen, ∅ 6 mm, abwechselnd aus der Mitte heraus 1 cm nach links und rechts versetzt. Bohrlöcher dabei auf die jeweils unteren 35 cm des Schenkels verteilt. Eisenstärke 50 × 5 mm. Die Einzelheiten ersehen Sie im übrigen aus der Zeichnung Nr. 70. Dazu gleich 32 Rundkopfschrauben, 60 × 80 mm.
Ferner benötigen Sie noch Messingschrauben, Flachkopf, 3,5 × 50 mm, gleich eine Packung. Eisenschrauben, Rundkopf 3,5 × 50 cm, 1 Packung. Holzleim (braucht nicht wasserfest zu sein, also z. B. Ponal-Holzleim) und *wasserfesten* Klarlack (Bootslack).

Aus einem Bastlergeschäft bestellen Sie sich dann noch eine Sperrholzplatte aus *wasserfest verleimtem* Sperrholz, sogenanntes Schiffsbausperrholz, 70 auf 70 cm, mindestens 5 mm stark, die Stärke kann aber auch bis zu 10 mm gehen, zum wasserdichten Auslegen der Saftschale.
Eine kleine Heimwerkermaschine zum Bohren, evtl. mit Anbaumöglichkeit einer Kreissäge, haben Sie vermutlich, aber auch eine normale Tischlersäge für die alte solide Handarbeit reicht aus. Selbstverständlich benötigen Sie noch Schleifpapier, Hammer, Schraubenzieher usw., Dinge die vermutlich in jedem Haushalt vorhanden sind.
Materialwert ohne Werkzeuge ca. 300,– DM bis 350,– DM, je nachdem, wie günstig Sie einkaufen können.
Arbeitszeit je nach persönlicher Geschicklichkeit drei Tage. Aber dann haben Sie eine ideale Presse, um die Sie jeder beneiden wird – das reinste Fotografiermotiv, mit hoher Preßleistung bei sehr arbeitsgerechter, leichter Bedienung.
Sie brauchen jetzt noch eine Hebevorrichtung, mit der der Preßdruck ausgeübt wird. Hier schlage ich einen sogenannten Ölhydraulikwagenheber vor, mit etwa 3 bis 5 to Hubleistung. Den Wagenheber kauft man sich nicht neu. Fragen Sie einmal in einer Automobilwerkstätte nach, dort liegen immer gebrauchte Geräte herum, die, wenn sie schon älter sind, ersetzt werden müssen. Für sie langt das noch allemal und für viele Jahre. Neu kostet so ein Gerät ca. 100 DM.
Warum Ölhydraulik? Nun, Sie pressen über die Öldruckmechanik

Abb. 69: Das ist das »Preßwerk« einer selbstgebauten Traubenpresse – ein Autowagenheber.

mit dem kleinen Finger! Es geht wirklich absolut mühelos und schnell, das Gerät wiegt nur etwa 5 kg, kann also von jedermann leicht gehandhabt werden. Im übrigen sind Ihrem Erfindergeist keine Grenzen gesetzt. Natürlich kann man auch andere Wagenhebertypen verwenden, beispielsweise mit einer Schraubenspindel o.ä. Nur sollten Sie einen Druck von mindestens 3 to leisten können. PKW-Heber sind deswegen wohl etwas schwach, Lastwagenheber dagegen wieder voll ausreichend. Achten Sie aber auf die Bauhöhe. Zwischen der Preßkorbhöhe und dem oberen Druckbalken muß für Presse bzw. Heber genügend Platz sein, sonst werden ggf. die Ständer länger gebaut.
Sie benötigen noch zwei Preßtücher, damit nicht die Hülsen, Kerne, oder das ausgequetschte Fruchtfleisch in den Saft mit hineingelangen. Es handelt sich um einfache, kräftige Leinen- oder Kunststofftücher, Breite etwa 60 bis 70 cm, ca. 2 m lang. Man legt sie einfach über Kreuz in den Preßkorb, schlägt sie nach der Befüllung mit der Maische oben zusammen; etwas Einfacheres gibt es nicht, zumal sie viel leichter zu reinigen sind, als sogenannte Preßsäcke.
Über den Zusammenbau informieren Sie die Gesamt- und die Einzelzeichnungen ausführlich.

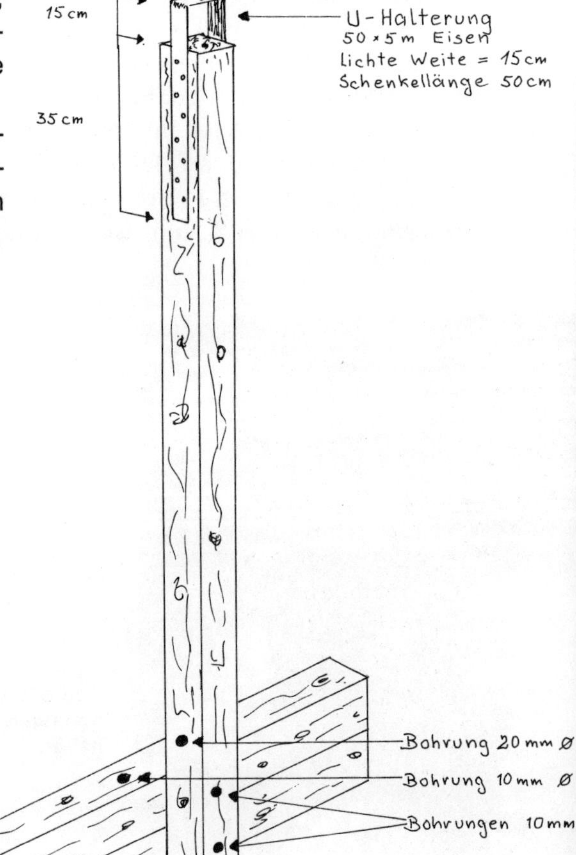

Abb. 70: Detailzeichnung zur selbstgebauten Traubenpresse.

Bild Nr. 70 zeigt einen der beiden Ständer, der andere wird nur seitenverkehrt, aber sonst völlig gleich angefertigt. Zunächst bauen Sie die zwei Füße, aus je zwei Balken 43 cm lang, die miteinander verleimt werden. Sie werden dann mit je zwei der großen Schloßschrauben an dem Ständer befestigt.
Am oberen Ende des Ständers wird das U-Band mit 6 × 80er Holzrundkopfschrauben angeschraubt. Alle Schraubenlöcher werden selbstverständlich im Holz vorgebohrt. Drücken Sie in die vorgebohrten Löcher noch ein bis zwei Tropfen Uhu – dann schraubt es sich leichter, und die Verbindung zwischen Schraube und Holz ist noch fester.
Als nächstes bauen Sie sich die Saftschüssel. Außenmaße ca. 75 × 75 cm. Es werden dabei zwei Lagen der Bohlen, je 70 cm lang, über Kreuz versetzt, d.h. eine Lage längs, eine Lage quer, miteinander verleimt. Darauf leimen Sie die wasserfeste Sperrholzplatte. Die vier Seiten werden jetzt mit Feile oder Schleifmaschine sehr sauber abgekantet und darauf die seitliche Umrandung mit Nägeln und Leim befestigt. Somit entsteht eine Wanne.

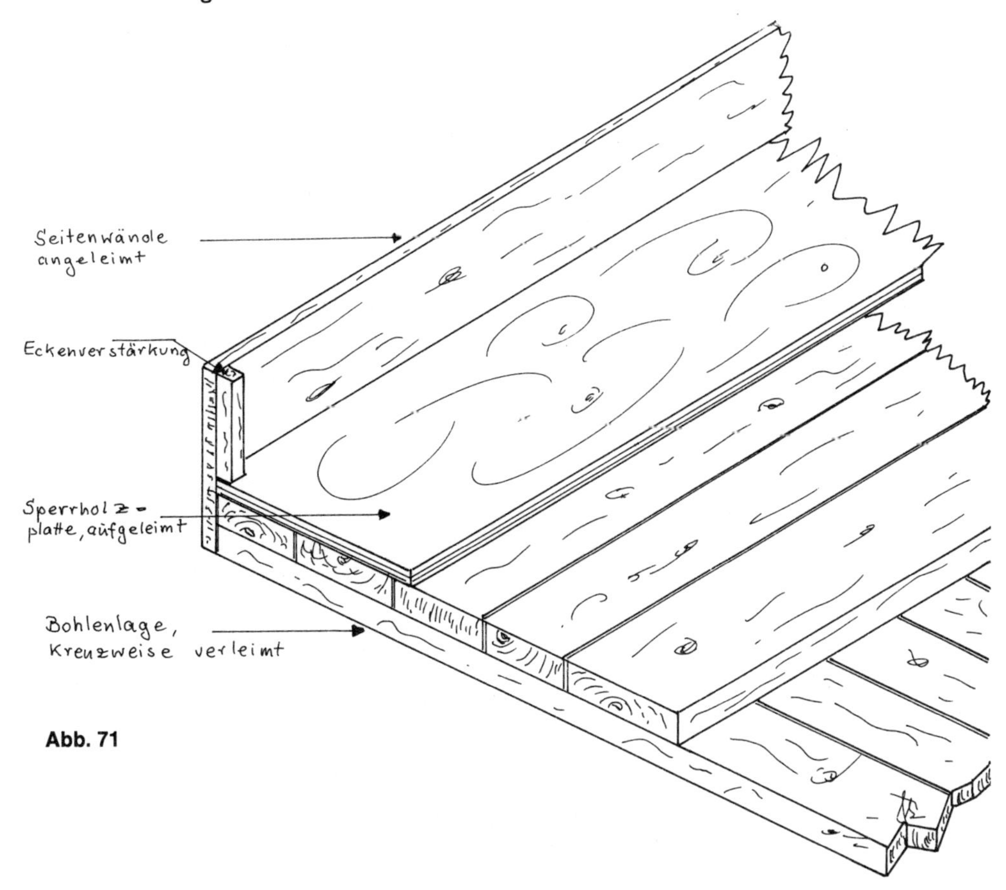

Abb. 71

Jetzt wird noch an einer Seite ein Ausflußloch gebohrt, etwas tiefer als das Niveau der Sperrholzplatte mit dem Durchmesser eines Holzhahnes, so wie man ihn auch für Weinfässer benutzt. Dazu wird dann innen in der Wanne mit dem Stechbeitel noch eine kleine Vertiefung geschlagen, daß sich darin auch noch der letzte Tropfen sammeln und ausfließen kann.

Abb. 72

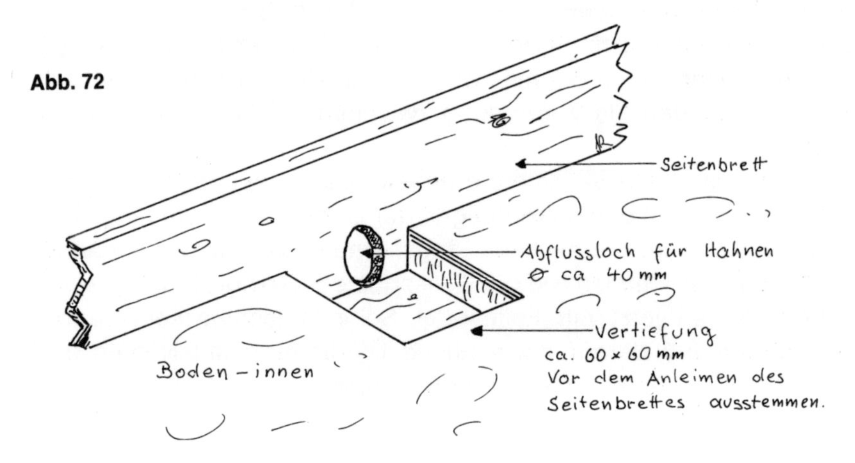

Als drittes stellen Sie den Preßkorb her. Er hat die lichten Innenmaße 45 × 45, seine Höhe beträgt 50 cm. Die Zeichnung zeigt alle Details einer Korbecke.

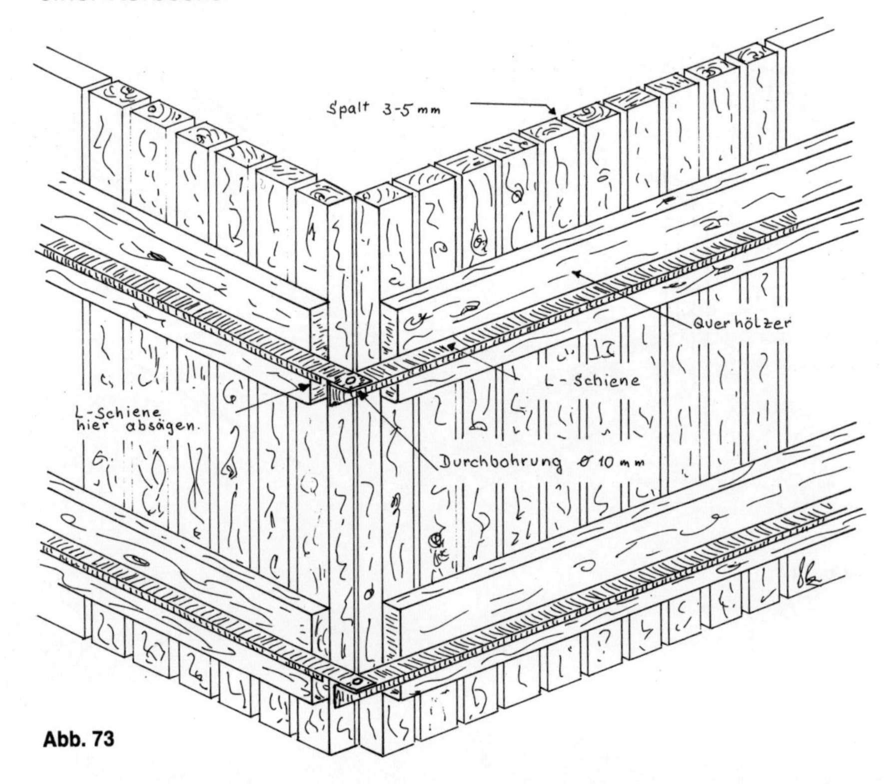

Abb. 73

Sie schneiden hierzu Ihre Bohlen in 5 cm breite und 50 cm lange Streifen auf, schrauben mit Messingschrauben und jeweils einem Leimtupfer je 2 Querhölzer von 10 × 50 cm quer dagegen. Auf zweien dieser Preßkorbseiten und *auf* den darauf aufgeschraubten Querhölzern werden jetzt die L-Schienen mit Rundkopfschrauben 3,5 × 50 mm befestigt. Fünf Schrauben genügen für jede Schiene, achten Sie darauf, daß die Schraubenlöcher nicht gerade bei den Saftspalten gebohrt werden!
Nun stellen Sie die vier Seiten winkelgerecht aneinander, und zwar so, daß die Seiten, auf denen Sie die eisernen L-Schienen schon befestigt haben, sich gegenüberstehen. Jetzt können Sie an den beiden übrigen Seiten die hier noch zu befestigenden L-Schienen so anhalten, daß der waagerechte L-Arm gerade über dem waagerecht liegenden L-Arm der schon angeschraubten Schiene zu liegen kommt. Die Stellung der Schiene wird markiert.
Nun muß man an dem senkrecht stehenden Schenkelteil links und rechts je ca. 6 cm absägen, so daß diese neuen Schienen sich *über* die Schienen an den Querseiten schieben können.

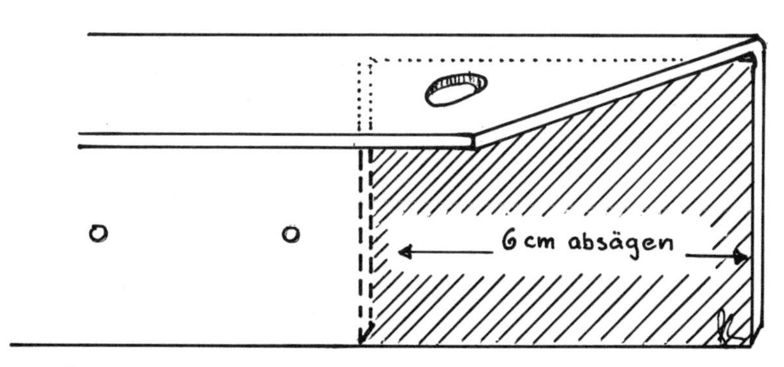

Abb. 74

Die Schienen werden angeschraubt, der Korb zusammengestellt. *Jetzt erst* werden die 10-mm-Löcher, durch die die rechtwinklig zueinander stehenden Schienen verbunden werden, in *einem* Bohrvorgang gemeinsam gebohrt.
Machen Sie dies nicht so, sondern wollen Sie die Bohrlöcher vielleicht rechnerisch bestimmen, geht es garantiert schief.
Anschließend wird der Preßkorb mit den 10-mm-Gewindeschrauben zusammengeschraubt – er ist fertig und paßt genau in die Saftschüs-

sel. Markieren Sie die vier Seitenteile in ihrer Stellung zueinander, das erleichtert das spätere Zusammenstellen.
Die Lage der zwei unteren Auflagebalken sowie des oberen Querbalkens – die sogenannten Druckbalken, alle 120 cm lang – ersehen Sie genau aus der Gesamtzeichnung; dabei wird der obere Querbalken nur durch das U-Stück durchgesteckt und mit einer Schraube befestigt, so daß die senkrecht stehenden Ständer nicht auseinanderfallen können.
Die unteren Balken werden mit den 47 cm langen Schloßschrauben an den Ständern befestigt. Die Bohrpunkte müssen Sie rechnerisch bestimmen und die Hölzer einzeln bohren. Dann werden Sie noch mit je einer Holzschraube (25 cm) auf dem Fuß befestigt – so hat nun das ganze Gestell seinen festen Halt.
Den Zusammenbau entnehmen Sie aus der Zeichnung Nr. 68. Bitte achten Sie darauf, daß die Anlage nicht genau senkrecht, sondern etwas nach vorn, zum Auslaufstutzen der Saftschale hin schräg steht, damit ein schneller Saftablauf erreicht wird.
Damit der Saft aber wirklich gut abfließt, noch eine zusätzliche Bastelarbeit: Man legt in den Preßkorb einen kleinen Holzraster aus Hartholzleisten 1 × 1 cm, die Sie in jedem Bastlergeschäft kaufen können. Sie werden rechtwinklig zueinander mit kleinen Messingstiften befestigt, ein kleiner Tropfen Uhu an den Kontaktstellen verstärkt noch die Festigkeit. Dieses Gitter hat im Prinzip nichts auszuhalten, es sorgt nur für einen flotten Saftablauf nach unten.

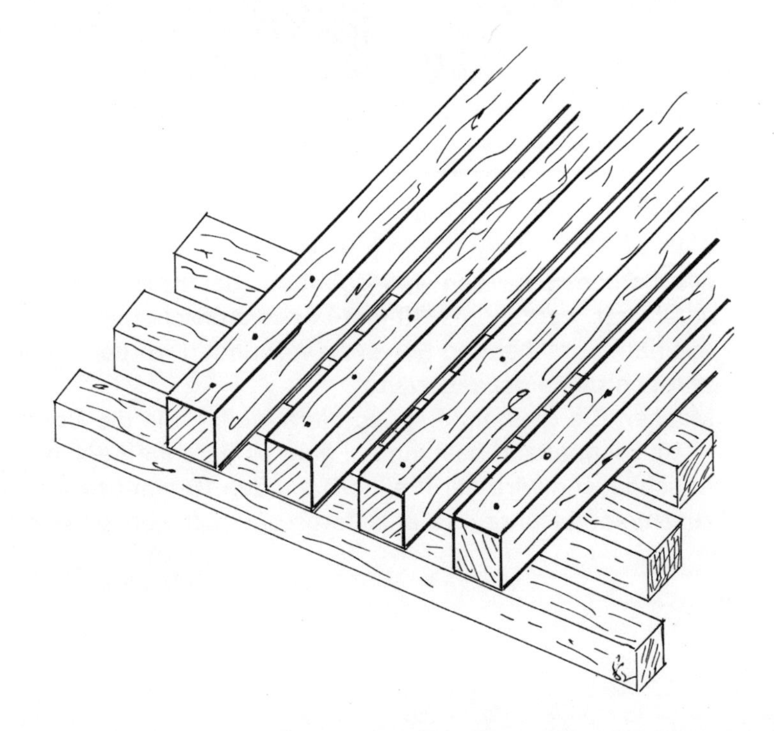

Abb. 75

Sie schneiden jetzt noch zwei Preßbohlen von je 43 × 21,5 × 2,5 cm. Die Auflagehölzer auf diese Bohlen haben Sie bereits, es sind die restlichen vier Balken 43 cm lang.
Haben Sie alle Holzarbeiten erledigt, wird die ganze Anlage sorgfältig zwei bis drei Mal mit einem wasserfesten Lack lackiert. Die Preßbohlen und -hölzer bleiben roh.
Für einen handwerklichen Laien wird dieser Selbstbau vielleicht recht viel Mühe machen – er möge sich lieber eine fertige Obstsaftpresse kaufen. Demjenigen aber, der nur über ein klein wenig Geschick verfügt, macht die Arbeit aber Spaß. Die Presse bietet wirklich viele Vorteile gegenüber den gekauften, insbesondere wegen ihrer vollständigen Zerlegbarkeit.

9.5.2. DER PRESSVORGANG

Nun zum Preßvorgang selber, und zwar ganz gleich, welche Presse Sie einsetzen.
Der Preßkorb wird mit dem Preßsack oder den Preßtüchern ausgekleidet, die Enden der Tücher hängen dabei aus dem Korb heraus, so daß sie beim Befüllen nicht zwischen die Maische geraten. Nun füllen Sie die frisch gemahlenen weißen Trauben oder die den Vorgärfässern entnommene Rotweinmaische hinein. Arbeiten Sie langsam, nie zuviel auf einmal hineinkippen, sonst läuft noch die Saftwanne über. Sofort wird nun der sogenannte Vorlauf, d.h. der freiwillig und ohne Druck abfließende Most, herauskommen und durch den Hahn in den darunter stehenden Eimer fließen.
Nach und nach füllen Sie den Preßkorb bis zu etwa drei Viertel voll. Bei einer größeren Presse achten Sie dabei auf das Gewicht, sonst wird der Preßrückstand zu schwer und läßt sich nur mühselig herausheben. Mehr als 80 bis 100 l Maische, das sind also acht bis zehn volle Eimer, sollten nicht eingefüllt werden.
Ist der Korb gefüllt und läuft der Vorlaufsaft nur noch sehr spärlich ab, so schlagen Sie die Tücher sorgfältig zusammen, legen die zwei Preßbohlen darauf und anschließend, jeweils immer um 90° versetzt, die Preßbalken so hoch, daß entweder die Spindel oder Ihre Öldruckpumpe eine sichere Auflage hat und fast an den oberen Querbalken anstößt. Legen Sie zwischen diesen und dem Preßstempel noch ein kräftiges Holz, so daß eine Punktbelastung sowie Beschädigung des Balkens vermieden wird.

Es beginnt der eigentliche Preßvorgang durch langsames Aufdrehen der Spindel bzw. vorsichtiges Pumpen an der Ölhydraulik.
Pressen Sie nur zentimeterweise, sonst spritzt und schäumt es unnötig, und denken Sie bitte daran, daß sich ja der Saft, der im Innern des Korbes ist, erst langsam nach außen durcharbeiten muß. Zum Pressen gehört also Zeit. Vielleicht wird es auch notwendig sein, die Spindel oder Pumpe wieder etwas zurückzuführen, um neue Hölzer unterzulegen, so daß weitergearbeitet werden kann.
Langsam tritt weniger Saft aus, es kommt nur noch ein dünner Strahl aus dem Hahn. Geben Sie ruhig noch mehr Druck, bis die Presse zu stöhnen anfängt. Sie werden sich wundern, was im Verlauf der nächsten 10 bis 20 Minuten noch herauskommt. Andererseits brauchen Sie bei den empfohlenen Pressen keine Angst zu haben, daß die Maische überpreßt wird und nur noch Bitterstoffe herauskommen – so hoch kann man den Druck gar nicht geben, das würden nur Großanlagen erreichen.
Kommt zum Schluß der Most nur noch tropfenweise heraus, so heißt es auszuräumen, die Tücher durch abspritzen mit einem kräftigen Wasserstrahl zu reinigen und die Presse für den nächsten Arbeitsgang vorzubereiten. Folgt dieser nicht umgehend, so wird sie in jedem Fall mit viel Wasser *gründlich* gereinigt. Gießen Sie solange mit dem Schlauch kräftig nach, bis wirklich aller Mostrückstand entfernt ist, denn sonst passiert es, daß sich falsche Hefen entwikkeln, Bakterien oder Schimmel ansiedeln. Peinliche Sauberkeit ist oberstes Gebot.
Sie werden feststellen, daß der sogenannte Preßkuchen von weißen Trauben nicht so trocken wird, wie der aus der bereits vorgegorenen Rotweinmaische. Die Saftausbeute ist bei Rotweinen durch das Vorgären also höher.
Den Preßkuchen bringen Sie auf den Kompost, oder, genauso gut, verteilen ihn gleich als Frischdünger im Weingarten.
Der gewonnene Most, der dank der Tücher schon vorgefiltert ist, kommt in den Gärbehälter. Bei Weißwein werden sie höchstens zu zwei Drittel gefüllt, bei Rotwein können Sie bis zu vier Fünftel auffüllen, er hat schon einen großen Teil der Gärung hinter sich und wird nicht mehr so stark schäumen. Es kommt bei Weißwein die Reinzuchthefe hinzu – siehe 9.6.2 – die Gärgefäße werden zugeschraubt, der mit Wasser gefüllte Gäraufsatz wird mit einem Gummistopfen in die hierfür vorgesehene Öffnung gesteckt – die schwerste Arbeit ist getan, ein kräftiges Abendbrot redlich verdient.

9.6 DER MOST UND DIE GÄRUNG

Jetzt sollen die Weinhefen ihre Tätigkeit beginnen und aus Süßmost Wein bereiten, bzw. bei Rotwein auch noch den letzten Rest an Zucker vergären. Wir müssen hier insoweit helfend eingreifen, daß sich nur die echten Weinhefen weiterentwickeln und ein guter Gärverlauf erzielt wird.
Wie war der Most? Stammte er aus gesundem Lesegut, oder waren viele faule Trauben dabei? War dies in schlechten Jahren der Fall, so müssen wir etwas schwefeln, siehe 9.7.
War der Most sehr kalt, und ist auch der Gärraum kalt, so müssen wir ihn auf 20° heizen, damit die Gärung schnell in Gang kommt. *Immer* aber fügen wir Reinzuchthefe hinzu (bei Rotwein schon passiert), damit die Gärung mit den echten Weinhefen schnell einsetzt und sich sofort genügend Kohlendioxid bildet, so daß die unechten Hefen gar keine Chance mehr bekommen, sich zu entwickeln.
Dieser durch Reinzuchthefen erzielte schnelle Gärbeginn ist es auch, der uns die Schwefelung eines normalen, sauberen Mostes erspart. Unser Ziel ist also der schnelle Gärbeginn – dann aber sorgen wir mittels der Raumtemperatur für gleichmäßigen und nicht zu stürmischen Gärungsverlauf.

9.6.1 DIE STÜRMISCHE GÄRUNG

Das Wort fiel: stürmische Gärung. Ließen Sie die Raumwärme konstant bei 20°, so würden Sie sich wundern! In spätestens zwei Tagen spielt der Most verrückt, es summt und schäumt und sprudelt in den Gefäßen, ein schmutzig-brauner, mit Hefe angereicherter Schaum kommt aus den Gärverschlüssen heraus – Sie wären nur noch am Putzen.
Durch Temperatursenkung im Raum erreichen wir jedoch einen langsameren Gärverlauf. Geheizt wird also nur solange, bis die Gärung in Schwung kommt und der Gärverschluß flott klappert.
Jetzt erwärmt sich der Behälterinhalt durch den Gärprozeß von alleine. Wir senken die Raumtemperatur auf 15°, wenn notwendig sogar auf 10° herunter; geheizt wird nur dann noch, wenn die Gärung durch zu große Kälte ins Stocken kommen sollte. Es ist hier nicht anders als beim sogenannten »Gehenlassen« eines Kuchentei-

ges. Die Hefen sind Lebewesen, Kälte vertragen sie schlecht und stellen prommt ihre Tätigkeit ein.
Maßeinheit für die stürmische Gärung ist die Zeit. Sie sollte etwa eine Woche, vom Füllbeginn der Gefäße an gerechnet, dauern, davon aber nur vier bis fünf Tage wirklich stürmisch sein. Danach wird es stiller mit dem Jungmost.
Jetzt ziehen wir den Gärprozeß noch in die Länge durch eine gestaffelte Zuckerbeigabe. Nicht erschrecken: Zucker werden Sie immer etwas brauchen, er ist in Deutschland und auch in Österreich sogar amtlich erlaubt, in anderen Ländern wird er nur heimlich, deswegen aber nicht weniger zugesetzt.
Eine Frage von mir an einen südtiroler Kellermeister: »Wie erreichen Sie eigentlich aus 75 Grad Öchsle 11,5% Alkohol, wie auf den Etiketten angegeben?« Antwort des Kellermeisters: »Das machen unsere Kellergeister.«
Tatsächlich wird in diesen Fällen jedoch verschnitten mit sehr zukkerhaltigen Mosten, z. B. aus dem Mittelmeerraum.
Die laut 9.7.5 errechnete Zuckermenge geben wir gestaffelt, etwa in drei bis fünf Portionen, innerhalb der nächsten acht Tage hinzu, die Gärung kommt sofort wieder in Schwung. Läßt die Gärfreudigkeit nach, so kommt der nächste Zuckeranteil. Grund dieser Maßnahme: Je länger wir diese Gärung hinziehen können, um so wertvoller wird später der Wein, um so besser baut sich sein Aroma aus.
Nach 14 Tagen wird es nun ruhig werden im Gärgefäß, der Verschluß macht nur ab und zu noch sein »Klack«.
Lassen wir ihn jetzt noch acht bis zehn Tage in Ruhe, so daß sich die Hauptmenge der Hefe am Gefäßboden absetzen kann. Dann folgt der erste Abzug und damit auch das Verbringen des noch trüben Jungweines in das Kellergefäß zur anschließenden Nachgärung und zum Ausbau. Hierüber weiter in 10.1.

9.6.2 HEFEZUSATZ

Normalerweise sind, und zwar besonders in älteren Weingärten, genügend echte Weinhefen vorhanden, so daß auch eine Gärung mit den eigenen Hefen in Gang kommt. Immer aber dauert die erste Vermehrung doch einige Zeit, so zwischen zwei bis zu acht Tagen; ist es sehr kalt und der Raum nicht heizbar, kann er auch 14 Tage dauern, bis eine flotte Gärung in Gang kommt. Alle möglichen

Kunststücke werden dann versucht, stets bleibt aber die Angst, daß sich die falschen Weinhefen zu stark vermehren können. In dieser Zeit wird der sich absetzende Trub entfernt, es wird geschwefelt, es wird der Most selber noch erwärmt usw. usw.
In den letzten Jahren ist zudem beobachtet worden, daß durch die vielen chemischen Spritzungen die natürlichen Hefen offensichtlich geschädigt werden, so daß auch dadurch zusätzliche Probleme entstanden.
Seitdem es möglich ist, echte Weinbergshefen zu konservieren und seit einigen Jahren sogar als sogenannte Trockenhefen anzubieten, haben wir es viel leichter.
Wir probieren gar nicht lange, sondern setzen sofort Reinzuchthefen zum Most bzw. zur Rotweinmaische, sorgen für eine normale Temperatur und haben auf der Stelle den Gärbeginn.
Zwei Möglichkeiten des Hefezusatzes bieten sich an:
1. Bei nur kleinen Mostmengen kaufen Sie in der Drogerie sogenannte Flüssighefe der Firma Arauner, Kitzingen am Main. Die relativ geringe Hefemenge müssen Sie zunächst vermehren. Eine genaue Anleitung hierzu liegt jeder Packung bei. Mit der Vermehrung muß man ca. acht bis zehn Tage vor dem eigentlichen Bedarf beginnen, die Hefen also rechtzeitig besorgen!
2. Viel bequemer geht es seit einigen Jahren mit der Trockenhefe. Weinbedarfsgeschäfte, in 12.2 genannt, versenden sie, die Bestellung muß rechtzeitig erfolgen. Es handelt sich dabei um hochwertige, echte Weinhefen besonders wertvoller Rassen, die durch ein Trockungsverfahren konserviert wurden.
Von diesem Trockenhefepulver streut man nun eine vorgeschriebene Menge einfach in das Gärgefäß oben auf den Most – fertig. Schon nach einer halben Stunde können Sie erleben, daß die Gärung losgeht.
Nach meiner Erfahrung sind auch angebrochene Hefepackungen bis in die nächste Saison gut haltbar, wenn man sie nur trocken und kühl lagert.
Es muß erwähnt werden, daß solche Trockenhefen meist in 500 g bis 1 kg-Packungen angeboten werden – eine Menge, die für ihren Gebrauch zu groß ist. Kaufen Sie trotzdem – es lohnt sich. Verwenden Sie Trockenhefen – etwas Problemloseres gibt es nicht.

9.7 DIE KELLERGÄRUNG – SCHWEFELZUSATZ

Der schon weitgehend vergorene Most, nunmehr Jungwein genannt, ist aus den Vorgärgefäßen abgezogen und in den Keller gebracht worden, sei es über eine kleine Plastikschlauchleitung, sei es auch mit einem Eimer. Der Jungwein ist noch milchig-trübe, d.h. voller Hefen. Es schadet daher nicht, wenn vom Bodensatz der Vorgärgefäße etwas Hefe beim Abziehen mit übergeht. Der Wein wird ja noch weiter gären.

Sehr wichtig ist aber, daß ein Kälteschock vermieden wird. Ist der Keller sehr kalt, und sind Fässer oder Glasballons entsprechend kalt, so können die Hefen so verschreckt werden, daß sie ihre Tätigkeit einstellen. Es kann Wochen dauern, bis wieder ein zaghafter Gärbeginn einsetzt. Es heißt also, die Temperatur etwas anzugleichen, indem man vorher einige Liter heißen Wassers in die Fässer schüttet und kräftig umschwenkt, um sie zu erwärmen, das genügt in den meisten Fällen.

Die stürmische Gärung hat über 90 % des Zuckers in Alkohol umgesetzt. Ein Überschäumen der Kellergefäße ist nicht mehr zu befürchten, sie werden daher fast voll gefüllt, nur einen kleinen Luftraum lassen wir am Spundloch.

Was tun, wenn Sie nun nicht genug Jungwein haben, um Ihre Gefäße voll zu füllen? Nun, Sie müssen mit 20-, 10- evtl. aber auch 5-l-Glasballons etwas jonglieren und ausgleichen, bzw. Sie müssen mit Füllweinen, d.h. einem ähnlichen, notfalls zugekauften einfachen Landwein, die Auffüllung vornehmen. Aber auch süßer Traubenmost schadet zur Auffüllung nichts – im Gegenteil, er bringt die Nachgärung noch etwas in Schwung. Vorausgesetzt natürlich, daß es sich jeweils nur um eine geringe Menge handelt, nicht mehr als höchstens fünf Prozent. Anschließend werden die Gärbehälter sorgfältig mit Kork oder Gummistopfen *und* dem Gärverschluß wieder verschlossen.

Nach einigen Tagen sollte die Nachgärung beginnen, erkenntlich daran, daß es in den Gärverschlüssen wieder gluckert – allerdings nur sehr wenig und mit langen Intervallen. Legen Sie ein Ohr an das Faß, so werden Sie durch das ganz schwache Gärgeräusch schneller informiert. Diese Nachgärung wird zwischen zwei bis sechs Wochen anhalten, je nachdem, wieviel Restzucker vorhanden war.

Eine Bemerkung noch zum *Gärverschluß*: Wir kennen zwei Typen: Das Glasröhrchen und den größeren Gäraufsatz.

Abb. 76: Man verwendet zweckmäßigerweise nur bei kleinen Gefäßen das Gärröhrchen, sonst besser den Gärbecher.

Kaufen Sie zweckmäßigerweise den letztgenannten. Nehmen Sie eine Größe mit ca. 8 cm ∅, hergestellt aus durchsichtiger Plastik. Der Vorteil dieses Verschlusses liegt darin, daß Sie, wenn nun auch die Nachgärung ruhiger wird, mittels eines kleinen Trichters den Füllwein durch den Gäraufsatz direkt ins Faß geben können, ohne jedesmal den ganzen Verschluß zu entfernen.
Ich gieße dabei stets so viel ein, daß der Wein im inneren Gefäßteil voll zu sehen ist; so bin ich sicher, daß das Faß auch wirklich vollgefüllt wurde. Jede Woche wird kontrolliert und gegebenenfalls mit Wein nachgefüllt, die Wassersperre im Außenmantel des Gärverschlusses sollte alle 14 Tage erneuert werden. Ganz feine Leute verwenden statt Wasser einen gewöhnlichen Schnaps als Sperrflüssigkeit. Das ist natürlich noch sicherer und hält auch länger.
Verwenden Sie Holz- oder Korkstopfen, so benötigen Sie sogenanntes Faßfett, auch Faßdichte oder Türlfett genannt, in der Drogerie

erhältlich, mit dem evtl. Leckstellen zwischen Stopfen und Faß abgedichtet werden können. Bei Gummistopfen ist dieses nicht erforderlich.
Es taucht auch die Frage auf, ob Sie *schwefeln* sollen. War das Traubengut sehr faulig und deshalb beim Jungmost bereits eine Schwefelung notwendig, sollte noch einmal eine schwache Schwefelung erfolgen. War aber alles normal, ist das Lagerfaß schön sauber gewesen, haben Sie den Most durch Zuckerzugabe auf 80° Öchsle eingestellt, und hat der Jungwein damit 8 bis 9 % Alkohol, so könnten, ja sollten Sie auf eine Schwefelung verzichten.
Geschwefelt wird mit Kalium-Pyrosulfidtabletten oder -pulver. Erhältlich über Ihre Drogerie oder in den Weinbedarfshandlungen.
Aus 100 % Kaliumpyrosulfid entwickelt sich im Wein 50 % schweflige Säure – H_2SO_3, ein stechend riechendes Gas. Man schwefelt *höchstens* = 0,005%ig = 5 g schweflige Säure = 10 g Kaliumpyrosulfid pro 100 l Wein. Meist genügen aber schon 0,002 %, denn Sie werden kaum sehr faules Lesegut verarbeitet haben.
Immer aber die Fässer vollhalten, keinen Schimmel am Spund dulden, evtl. sich bildende weiße Kahmhefen, die an der Faßöffnung zu sehen sind, sofort entfernen, d. h. also *absolute Sauberkeit* im Keller und am Faß. Dann ist Ihr Wein auch ohne die leberschädigende und kopfwehmachende schweflige Säure haltbar – aber viel bekömmlicher.
Der gekaufte Wein ist immer geschwefelt, man weiß ja nie, wielange er auf der Flasche bleibt, bis er getrunken wird. Ein eigenes Erzeugnis wird aber kaum länger als zwei Jahre im Keller liegen, es folgt ja ein stetiger Nachschub. Ein ungeschwefelter Weißwein aus Ihrem Garten wird diese zwei Jahre gut überstehen, nach drei, längstens nach vier Jahren, würde er allerdings anfangen umzugehen – der Rotwein hält länger.
Umgehen heißt, daß der Geschmack fade wird, die Frische und das Feuer des Weines entweichen, und eine merkwürdige Geschmacksveränderung eintritt.

9.7.1 KELLERRAUM UND KELLERTEMPERATUR

Der Kellerraum sollte kühl, aber nicht kalt sein, 10 bis 12° sind ideal. Wasseranschluß und Bodenablauf sind zur Reinigung der Fässer notwendig, wenn man sie nicht zur Reinigung jedesmal aus dem

Keller herausbringen will. Der Raum muß belüftbar, trocken und selbstverständlich sauber sein.
Lassen Sie für Ihr Hobby soviel Platz, daß Sie an Ort und Stelle auch den Wein gleich in Flaschen abfüllen und verkorken können.
Verfügen Sie nicht über einen solchen Keller, so denken Sie daran, daß der Wein, solange er noch im Faß lagert, nicht hohen Temperaturschwankungen ausgesetzt werden sollte. Ein hochliegender Lagerraum, eine überflüssige Garagenecke o.ä. sollte, wenn noch Platz vorhanden ist, mit einer Bretterwand, die man sorgfältig (z.B. mit Styropor) isoliert, so abgedichtet werden, daß eine möglichst gleichmäßige Temperatur herrscht.

9.7.2 DIE LAGERGEFÄSSE

Zur Nachgärung und zum Lagern benutzen Sie keine Kunststofftanks oder -fässer! Auch wenn die Werbung noch soviel verspricht, Kunststoff, gleich welcher Zusammensetzung, ist und bleibt ein Chemieprodukt, das noch nach Jahren winzige Teile der in ihm enthaltenen Weichmacher, Lösungsmittel usw. absondert. Sie beeinträchtigen zumindest den Geschmack und Duft des Weines. Feinste Aromastoffe können mit der Zeit auch durch die Kunststoffwände diffundieren. Ein lange im Kunststofftank gelagerter Wein wirkt irgendwie leer.
Glas ist gut, Sie werden sich sicher einige verschiedene große Glasballons anschaffen, schon um unterschiedliche Mostmengen unterbringen zu können.
Glasballons werden nicht mit den meist mitgelieferten Kunststoffschraubverschlüssen verschlossen, sondern stets mit Korken. Diese werden zusätzlich noch mit Faßwachs abgedichtet.

9.7.3. DAS HOLZFASS

Also das berühmte, altmodische Holzfaß? Aber ja! Es ist immer noch ideal, und für einen guten Wein gibt es nichts besseres. Wenn Sie mehr als 100 l Wein zu erwarten haben, sollten Sie sich Holzfäßchen anschaffen. Das gehört einfach dazu. Der Wein schmeckt auch »runder«, als wenn er in Glas, Stahl oder gar Kunststoff vor der Flaschenfüllung lagern müßte.
Die Technik des »Türverschließens« mit Hilfe des schon mehrfach

erwähnten Türfettes lernen Sie schnell, man läßt es sich einmal vom Hersteller zeigen. Es handelt sich nur darum, die Kanten des Türchens sehr dünn und gleichmäßig mit dem wachsartigen, völlig geruch- und geschmacklosen Faßfett einzustreichen und dann das Türchen vorsichtig wieder in die dafür vorgesehene Faßöffnung zu drücken und mittels des Faßriegels fest anzuziehen.
Die Reinigung ist keineswegs so schwierig, nur das Lagern von leeren Fäßern bereitet zusätzlich Arbeit, die bei den übrigen Materialien entfällt.
Sie kaufen nur erstklassige Holzfäßchen und fangen mit ein bis zwei 50-l- bzw. einem 100-l-Faß an. Sie können sie neu, oder, genauso gut, gebraucht kaufen. Fragen Sie bei den in 12.2 genannten Küfereien an – diese halten meistens ein gewisses Lager.
Gebrauchte Fässer, sofern sie sich in gutem Zustand befinden, bedürfen nur einer gründlichen Reinigung mit scharfer Bürste und viel, viel Wasser. Neue Fässer müssen zunächst »weingrün« gemacht werden, sonst schmeckt die erste Füllung arg kratzig.
Es gibt viele Methoden hierfür. Meine Empfehlung ist, wie immer, recht einfach – ich kaufe meine Fäßchen einfach ein halbes Jahr vor der ersten Inbetriebnahme. Sie werden mit frischem Wasser gefüllt, das alle 14 Tage vollständig abgelassen wird. Es kommt frisches Wasser wieder hinein, bis das Ablaufwasser nicht mehr bräunlich gefärbt ist, sondern vollkommen klar bleibt und auch keinerlei Gerbstoffgeschmack mehr aufweist.
Einige Monate dieser »Behandlung« genügen vollauf, um die Garbsäure herauszuziehen. Ganz richtig wird ein Holzfaß natürlich erst, wenn drei bis vier Mal ein Wein darin gelagert wurde.
Warum Holz? Sie werden es erleben, daß bei der Lagerung eines Weines im Holzfaß eine ständige, schwache Verdunstung durch das Holz hindurch stattfindet. Bei 100 l sind es pro Woche durchschnittlich ca 100 ccm. Sauerstoff dringt dafür ein, es findet also stets eine ganz schwache Oxidation des Weines statt. Diese fördert die Reifebildung und die Stabilität und ist der Geschmacksabrundung, d. h. also dem Ausbau, dienlich.
Ein Weißwein sollte nicht länger als höchstens ein Jahr im Holzfaß liegen, sonst wird die Oxidationswirkung zu stark, der Wein verliert seine Frische und schmeckt alt. Die Mindestlagerzeit darf aber ein halbes Jahr nicht unterschreiten, denn sonst kann sich die frische Weinsäure nicht genügend abbauen, er bleibt hart und unrund.
Gut ist es also, die Flaschenabfüllung der vorjährigen Weißweinernte

etwa im März, spätestens jedoch September/Oktober des laufenden Jahres vorzunehmen. Ein Rotwein sollte ein halbes Jahr länger auf dem Faß bleiben, damit er sich richtig ausbauen kann.
Ob Sie soviel Geduld haben? In den ersten Jahren wahrscheinlich nicht, haben Sie aber erst eine kleine Lagermenge erreicht, so sollten Sie sich beherrschen, und Ihr Getränk einmal solange im Faß lassen, wie hier empfohlen – die Überraschung über den viel besseren, runderen Geschmack wird groß sein.
Zum Reinigen eines Holzfasses genügt keinesfalls nur das Ausspülen mit einem Wasserschlauch. Das Türchen *muß* geöffnet werden, eine scharfe Bürste kommt her, und es wird solange mit Wasser geschrubbt, bis wirklich nur noch blankes, klares Wasser herausläuft. Ist ein Faß vom Weine geleert, so verbleibt es im Keller bis zur Wiederverwendung im Herbst. Es wird, damit es nicht austrocknet, mit Wasser gefüllt.
Von einer Faßkonservierung mit schwefliger Säure, wie sie in Fachbüchern empfohlen wird, halte ich nichts, sie müßte sehr hoch konzentriert sein (0,025%ig), um lange wirksam zu bleiben, und das würde ganz sicherlich die nächste Weinfüllung des Fasses beeinflussen. Ich leere einfach alle vier bis acht Wochen das Wasser vollständig aus und fülle frisches nach.
Bewährt haben sich zur Desinfizierung des Wassers die sogenannten »Silbertabletten«, wie sie auch zur Trinkwasserkonservierung in Wohnungen und auf Booten verwendet werden. Sie sind in Apotheken erhältlich, man kann ein bis zwei Nachfüllungen mit Wasser überspringen.
Holzfässer müssen auch von außen stets saubergehalten werden. Etwaige Schimmelbildung wird mit einem feuchten Tuch abgewischt, eine Ölung oder gar Lackierung unterbleibt – das Holz soll ja atmen können. Ist einmal eine Schimmelbildung zu stark, so fügen Sie dem Waschwasser einige Chinosol-Gurgeltabletten zu, das hilft lange.
Viele Winzer lassen ihre Fässer nach der Weinentnahme leer stehen, verbrennen aber alle sechs bis acht Wochen Schwefelschnitten zur Konservierung darin. Unterlassen Sie das. Abgesehen vom fürchterlichen Geruch dieser Methode und dem sicheren Undichtwerden des Fasses kommt auch hier nur eine nicht kontrollierte Menge von schwefeliger Säure hinein, lagert sich tief ins Holz ein und ist mit Wasserspülungen nur ungenügend zu entfernen. Bleiben Sie beim klaren Wasser.

9.7.4 ÜBER DAS ZUCKERN

Das Aufzuckern des Mostes ist legal und in Deutschland, Österreich, in der Schweiz und im nördlichen Frankreich absolut üblich. Der Zucker bleibt ja nicht im Wein – er wird mit vergoren und dient lediglich dazu, den Alkoholgehalt des Weines auf ein gewünschtes Maß heraufzusetzen, so daß unser Getränk stabiler und geschmacklich besser wird.

Erinnern wir uns der Ausführungen in Kapitel 8.1 und meiner Meinung, daß Sie Ernten zwischen 55 und 75 Grad Öchsle erhalten werden; nur in besonders guten Lagen, bei hervorragenden Herbsten, werden Sie über 80 Grad erreichen. Unser Hauswein sollte zwischen 8 und 9 % Alkohol enthalten. Das reicht für eine gute Stabilität, ist aber auch als Trink- bzw. Tischwein nicht zu schwer, zu alkoholreich.

Also stellen wir unseren Most konsequent auf 80° Öchsle ein. Hat er von sich aus mehr, so unterlassen wir selbstverständlich jegliche Zuckerung. Hat er weniger, so zuckern wir nach.

Die Rechnung ist einfach. Ich erläutere sie an einem Beispiel: Sie haben einen Süßmost von 60° Öchsle, die Trauben waren saftig und vollreif. Es wird, wie schon einmal erklärt, gerechnet 60 : 4 = 15 – 2 = 13. Ein Liter Süßmost hat also 130 g Zucker. Er sollte aber haben: 80 : 4 = 20 – 2 = 18, d.h. 180 g Zucker. Die Differenz von der tatsächlichen zur gewünschten Zuckermenge, bei diesem Beispiel also 50 g pro Liter, wird zugegeben. Auf 100 Liter wären dieses also 5 kg.

Das zweite Beispiel: Sie haben einen Most von 60° Öchsle, das Wetter war schlecht, es mußte geerntet werden, bevor die Trauben vollreif waren, das Fruchtfleisch war noch etwas hart. So lautet die Rechnung anders: 60 : 4 = 15 – 4 = 11. Ein Liter Most hat also 110 g Zucker. Er sollte nach dem obigen Beispiel aber 180 g haben, es werden nun 70 g Differenz pro Liter Most hinzugegeben = 7 kg auf 100 Liter.

Sie merken sich also stets beim Auspressen der Trauben die Öchslegrade und errechnen daraus die zuzugebende Zuckermenge. Diese fügen Sie, wie in Kapitel 9.6.1 beschrieben, nach der ersten stürmischen Gärung in Teilportionen dem Jungwein zu. Dazu wird die jeweilige Zuckermenge mit etwa der gleichen Menge Wasser solange erhitzt, bis Sie eine klare Lösung erhalten. Man läßt sie abkühlen und fügt sie dann dem gärenden Most hinzu.

Sie kaufen natürlich nicht den Haushaltszucker, sondern verlangen den sogenannten »Einmachzucker«. Gesundheitsbeflissene verwenden Rohzucker, der ungebleicht ist.
Statt Zucker kann man auch Honig nehmen! Ich empfehle einmal bei Rotwein ein Fünftel der notwendigen Zuckermenge durch Honig zu ersetzen. Es handelt sich um ein altes tiroler Rezept für magenempfindliche Personen. Zusätzlich bekommt der Wein ein ganz zartes, kaum wahrnehmbares Honigaroma.

9.8 TIPS FÜR DIE KELLERTECHNIK

Einige Tips für die allgemeine Kellertechnik können Ihnen noch Nutzen bringen:
Steht der Arbeitstisch, auf dem die Gefäße der Vorgärung lagern, über dem Niveau der Faßöffnungen im Keller, so verwenden Sie einen Plastikschlauch zum Umfüllen, statt Eimer einzusetzen. Es ist leichter für Sie, macht weniger Schmutz und tut auch dem Jungwein besser. Können Sie eine kleine Pumpe zwischenschalten, geht es noch schneller. Solche Pumpen gibt es auch als Vorsatzgeräte für eine Heimwerkerbohrmaschine.
Sind Ihre Rotweintrauben in einem Jahr einmal sehr hell – die Farbintensität ist jedes Jahr durchaus verschieden – so geben Sie auf 50 kg Maische 1 bis 2 kg zerquetschte Heidelbeeren hinzu, die Sie auch als Tiefkühlobst überall erhalten können. Die Farbe wird viel schöner und intensiver.
Möchten Sie den Rotweinduft ein klein wenig verbessern? Auf 50 kg Maische werden etwa 1 kg Himbeeren oder Brombeeren, seien sie eingemacht oder ebenfalls wieder Tiefkühlobst, zugegeben, und ein Hauch des Himbeeraromas teilt sich dem Weine mit. Es ist ein altes französisches Rezept, das an der Loire sehr viel angewendet wird.
Sie meinen, so etwas tut man nicht? Haben Sie eine Ahnung, was die Winzer so alles tun – im übrigen ist das ja keine »Kunst« oder »Chemie«, denn es sind ja auch natürliche Früchte.
Wie lagert man Fässer? Zwei Balken, etwa 50 cm hoch auf Böcke gestellt, an jeder Seite des Fasses dann zwei Keile, damit das Faß nicht rollt – fertig.
Stets haben Sie eine Kladde zur Hand und notieren auch für Ihre Kellerwirtschaft alle Beobachtungen Jahr für Jahr. Nur durch Nach-

lesen Ihrer eigenen Erfahrungen lernen Sie weiter, und nur das Geschriebene gibt Ihnen eine genaue Auskunft.
Kaufen Sie sich gelegentlich einen kleinen Weinheber zur Entnahme von Probemengen aus den Fässern. Die Zungenprobe sagt Ihnen am besten, wie der Wein sich verändert, verbessert. Ist der Jungwein anfangs noch sehr sauer, spitz und hart, brennt er auch noch auf der Zunge, so ändert sich dieses durch den natürlichen Säureabbau von Monat zu Monat. Er wird immer ausgeglichener und runder.
Anhand dieser Zungenprobe können Sie am besten feststellen, wann der Abfüllzeitpunkt auf die Flasche vorgesehen werden muß. Seinen besten Geschmack bekommt der Wein aber erst, wenn er weitere 3 bis 6 Monate in der Flasche gelagert hat.
Prüfen Sie die Klarheit des jungen Weines nicht gegen elektrisches Licht, sondern verwenden Sie eine Kerzenflamme. Nur im Kerzenlicht vermag Wein zu funkeln wie ein Diamant.
Spülen Sie alles und jedes einzelne Gefäß, das Sie benutzt haben, sofort sorgfältig mit Wasser ab. Versäumen Sie dieses, bildet sich sehr schnell Schimmel.
Vermeiden Sie *jede* Berührung des Weines mit Eisen, überhaupt mit Metallen. Glas, Plastik, Emaille und Holz, daraus sollten Trichter, Schläuche, Meßbecher usw. bestehen.
Riechen Sie immer mal wieder am Gärverschluß, er darf nie sauer, essigartig riechen, das Wasser nie trübe sein. Der Gärverschluß muß alle 14 Tage gesäubert und mit frischem Wasser aufgefüllt werden.
Dulden Sie kein Ungeziefer, keine Fliegen usw. im Weinkeller, notfalls hängen Sie einen Fliegenfänger auf.
Bei großer Kälte, aber auch bei Hitze, schließen Sie die Fenster, damit die Temperatur stets gleichmäßig ist. Sollte dieses aus anderen Gründen nicht möglich sein, packen Sie Ihre Fässer dick in Wolldecken und isolieren sie so gegen zu starken Temperaturwechsel. (Auch, oder gerade, im Sommer.)
Wundern Sie sich nicht, wenn ein im März schon sehr klarer Wein im Juni wieder leicht trübe wird oder gar wieder zu gären anfängt. In dieser Zeit blüht auch der Wein im Freiland. Selbst in alten, schon lange gelagerten Flaschen kann man beobachten, daß der Wein zur Blütezeit wieder unruhig wird – er ist ein Naturprodukt, er lebt auch im Faß und auf der Flasche noch weiter.
Und stets die Fässer vollhalten! Sollten Sie einmal einen Liter Wein entnehmen – man will ja wissen, was da so heranwächst – so füllen Sie sofort mit einem ähnlichen Wein wieder nach.

Immer aber haben Sie Geduld – jedes »Zu Früh« ärgert Sie später sehr. Wein braucht Sorgfalt, Sauberkeit und Zeit.

9.9 FREMDE MOSTE

Was nun, wenn Ihr eigener Mostanfall zu gering war oder am Beginn Ihrer Tätigkeit noch gar nicht zur Verfügung steht, Sie aber gerne schon mit der Kellertechnik beginnen wollen?
Nun, dann kaufen Sie eben Süßmost, direkt ab Presse bei den Winzergenossenschaften oder einem Winzer selber. 100 bis 200 l werden immer abgegeben. Kaufen Sie aber stets den Süßmost »ab Presse« und nicht etwa den »Federweißen« oder den »Suser« des Weinhändlers – damit erleben Sie nur große Enttäuschungen.
Ebenso gut können Sie natürlich auch Jungwein beim Weinbauern kaufen und dann selber im eigenen Keller ausbauen – selbst das lohnt noch und rentiert auch.
Kaufen Sie dagegen keine Trauben, um sie dann selbst zu pressen. Denn Eßtrauben sind leider zum Transport und zur Lagerfähigkeit so behandelt, daß ein daraus gewonnener Most kaum zur Gärung kommt. Ganz besonders gilt dieses für ausländische Trauben! Sie können nun natürlich auch fragen: »Und so etwas essen wir?« Die Frage ist berechtigt!
Noch ein Tip: Haben Sie etwas freien Faßraum übrig, so kaufen Sie sich ruhig einmal 50 l frischen Apfelsüßmost ab Presse und bereiten, ebenfalls unter Verwendung von Weinhefe, daraus Ihren eigenen Apfelwein. Er wird frisch getrunken, ist nur schwach alkoholhaltig und im Sommer ein ganz hervorragend erfrischendes Getränk. Die Herstellung geschieht im Prinzip nicht anders, als hier beim richtigen Wein beschrieben, nur daß ein solcher Wein schon im nächsten Februar auf die Flasche gezogen werden muß. S. Kapitel 11.

KAPITEL 10

Der Wein

10.1 DIE FASSABSTICHE

Der erste Abstich erfolgt bekanntlich nach der stürmischen Gärung in ihre Kellerlagerfässer. Etwa Ende Dezember nehmen Sie den zweiten Abstich des Jungweines vor. Mit Pumpe und Schlauch wird vorsichtig von der Hefe abgezogen und in ein neues, sauberes Faß gefüllt. Beim zweiten Abstich sollten Sie vermeiden, daß Trubstoffe des Faßbodens mit in das neue Lagerfaß hinübergelangen. Haben Sie am Faß einen Auslaufhahn, wird hier einfach ein Schlauch angeschlossen; erst wenn nichts mehr herausläuft, wird vorsichtig das Faß leicht angekippt, bis Sie im Plastikschlauch den ersten feinen Schleier sehen. Dann sofort stoppen. Den Restinhalt des Fasses tut man dann noch in eine größere Flasche, läßt noch einmal 14 Tage absetzten und genießt den Jungwein sofort.
Ist kein Auslaufhahn vorhanden, so führen Sie durch das Spundloch einen Plastikschlauch ein, der an einem Stab angebunden ist. Die Absaugöffnung des Schlauches sollte ca. 3 bis 5 cm oberhalb des unteren Stabendes liegen.
Beim Absaugen muß unbedingt darauf geachtet werden, daß es schon das erste Mal funktioniert und nicht etwa der Wein wieder zurückfließt, nur, weil nicht beherzt genug gesogen wurde. Sollte dieses Malheur passiert sein, brechen Sie den Umfüllversuch ruhig ab – es ist zuviel Hefetrub aufgewirbelt worden – und warten besser noch einmal einige Tage.
Hinsichtlich einer Pumpe habe ich bereits den Vorschlag gemacht, an eine übliche Handbohrmaschine eine kleine Plastikpumpe anzuschließen. U.a. führt die Firma Metabo in ihrem Programm ein

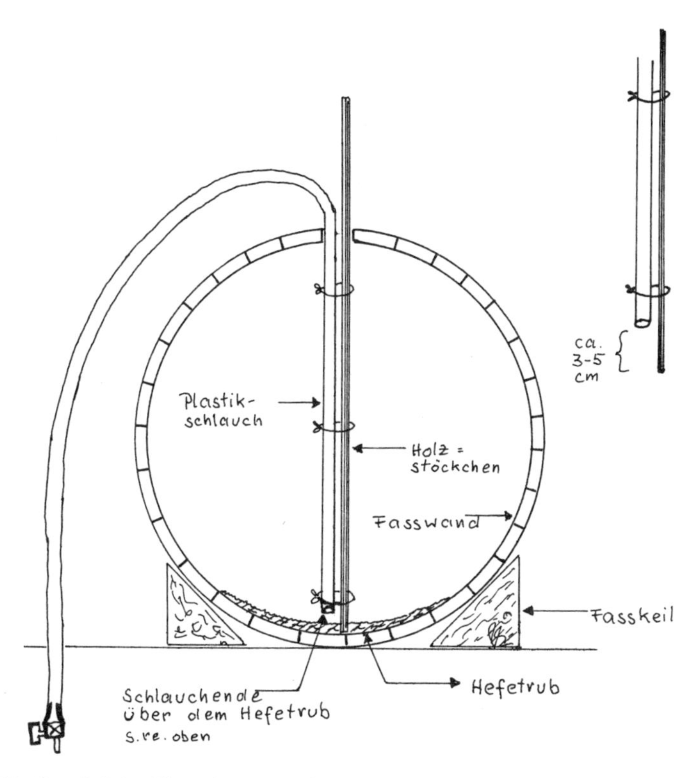

Abb. 77: So wird der Most durch das Spundloch abgesaugt. Wenn der Absaugschlauch lang genug ist und bis auf den Boden reicht, verschluckt man sich auch nicht.

solches Gerät. Nun geht das Überfüllen schnell und problemlos. Steht ein leeres und sauberes Faß nicht zur Verfügung, erfolgt eine Zwischenlagerung, beispielsweise in einem der Gärbehälter. Dann wird das Lagerfaß gereinigt und anschließend wieder gefüllt.
Der im Dezember umgezogene Wein wird noch nicht glanzklar sein, d.h. er funkelt noch nicht im Glase. Auch wird er sicherlich noch etwas spitze Säure enthalten, der Ausbau ist also keinesfalls vollendet. Lassen Sie ihn daher noch ruhen, er kann nur noch besser werden.
Liegt der umgezogene Wein jetzt in den neuen Fässern, so können Sie diese am Spundloch wiederum entweder mit dem Gäraufsatz verschließen – er hat allerdings jetzt kaum noch eine Funktion – und immer durch die Mitte des Gäraufsatzes Wein nachfüllen, so daß die Fässer stets spundvoll bleiben. Sie können aber auch genauso ab diesem Zeitpunkt die Fässer bereits mit einem Holzzapfen bzw.

einem Korken verschließen, der fest eingeschlagen wird. Spätestens alle 14 Tage muß das Faß geöffnet und wieder randvoll gefüllt werden. Wenden Sie die erstgenannte Methode mit dem Gäraufsatz an, so haben Sie es beim Wiedereinfüllen leichter, denn Sie brauchen ja nicht die eingeschlagenen Korken jedesmal zu entfernen.
Hat sich der Weißwein bis März/April gut geklärt, gärt er nach dem Umfüllen auch nicht mehr und verliert er allmählich seine spitze Säure, so kann man ab April an eine Flaschenabfüllung denken. Sonst wird zu diesem Zeitpunkt, und zwar stets bei *kühler Witterung*, zum dritten Mal abgezogen.
Ein Rotwein wird grundsätzlich zum dritten Mal abgezogen, denn dieser bleibt sowieso länger auf dem Faß.
Jetzt ruht Ihr junger Wein bis September/Oktober, d.h. bis zur Abfüllung, im Faß; eine weitere Behandlung ist nicht notwendig, es muß jedoch unverändert auf vollgefüllte Fässer geachtet werden.
Ich erwähnte bereits, daß jedes Abziehen, wie auch das spätere Flaschenabfüllen, immer nur an kalten Tagen vorgenommen wird. Altwinzer warten sogar solange, bis Neumond ist. Vermutlich deshalb, weil klare Neumondnächte ja stets kühl sind.
Der Grund ist recht einfach: Je kühler der Wein, um so besser werden die Trubstoffe sinken. Wird es wärmer, so können sie wieder nach oben steigen. Nur wenige Grade machen hier schon viel aus. Das ist auch der Grund, weshalb keinesfalls im Sommer und an sehr warmen Tagen abgefüllt wird. Dem Winzer kann es gleich sein, er schickt seinen Wein durch Feinstfilter, wir aber wollen beim Hauswein die natürliche Klärung und müssen uns deshalb in Geduld üben.

10.2 DIE WEINSCHÖNUNG

Schönen nennt man das Glanzklarmachen des Weines mittels natürlicher Produkte, wie Eiweiß, Hauenblase, Bentonit, aber auch mittels chemischer Produkte, z.B. dem »Berliner Blau«.
Dieses Schönen, beim berufsmäßigen Winzer unerläßlich, erfordert großes Geschick und lange Erfahrung. Es erfordert aber auch einen erheblichen maschinellen Einsatz – Faßrührgerät, Feinstfilter usw. – um zum gewünschten Ziel zu kommen.
Unseren Hauswein schönen wir also nicht! Ich halte das keineswegs für einen Nachteil, denn es steht fest, daß durch jede nachträgliche

Behandlung der Wein noch etwas von seiner Originalität verliert, ganz feine Geschmacks- oder Bouqueteinbußen hinnehmen muß und in manchen Fällen mit chemischen Stoffen versetzt wird, die bei Nichtbeachtung sehr genauer Vorschriften noch in ihm zurückbleiben.
Liegt Ihr Wein lange genug auf dem Faß, so bekommen Sie auch ein sehr klares Produkt.

10.3 WEINVERSCHNITT

Warum denn nicht? Wein ist ein Geschmacksprodukt. Einige der berühmtesten Weine der Welt werden grundsätzlich nur durch Verschnitte zusammengestellt. So z.B. der Bordeauxwein, der Chianti, der Champagner – um nur einige zu nennen.
Wenn Sie feststellen, daß z.B. ein Fäßchen vom Vorjahr etwas sauer geraten war, eines von diesem Jahr dagegen etwas zu wenig Säure hatte – es spricht doch nichts dagegen, daß nun beide gemischt werden, um so zu einem wirklich guten Geschmack zu kommen.
Mir persönlich schmeckt z.B. eine Mischung von einem Drittel meines eigenen Rotweines mit zwei Drittel meines Weißweines hervorragend – es gibt einen Rosé, fruchtig noch, aber doch durch den Rotweinanteil etwas herbe – ein bekömmlicher Tischwein. Nicht daß Sie nun zukünftig dauernd verschneiden sollten, aber probieren Sie doch ruhig einmal.
Glauben Sie mir, bei den gekauften Weinen, mit Ausnahme der sogenannten Kabinettsweine, wird kräftig verschnitten, und zwar nicht nur mit deutschen, sondern sogar mit ausländischen Weinen. Der gute Geschmack und der damit erzielte Erfolg entscheidet, das ist die Hauptsache.

10.4 DIE FLASCHENABFÜLLUNG

Das Auge, die Zunge und, wie bereits mehrfach betont, auch der Jahreszeitpunkt bestimmen, wann der Wein in die Flasche kommt. Er muß klar sein, er darf keine spitze, freie Säure mehr enthalten, er soll aber auch noch frisch schmecken.
Haben Sie genug Flaschen im Haus – sind Korken da? Wann können

Sie über eine Hilfskraft verfügen – das sind die Fragen, die sich beim Abfüllen stellen.
Nicht abgefüllt wird, wie mehrfach betont, von Mai bis September, es sei denn, Sie verfügen über einen außergewöhnlich kühlen Keller, oder Sie haben so dringenden Bedarf, daß einfach aus diesem Grunde etwas auf die Flasche kommen muß. Dann ein kleiner Trick: Legen Sie auf Ihre Fässer ein paar große Handtücher, befeuchten diese kräftig mit Wasser und sorgen Sie für gute Lüftung im Keller. Die Verdunstungskälte, die entsteht und die man etwa zwei bis drei Tage aufrechterhält, bringt auch einen guten Effekt. Man muß sich eben nur zu helfen wissen.

10.5 DIE ABFÜLLUNG, GERÄTE, FLASCHEN, KORKEN

Die zum Füllen benötigten Flaschen – vorzugsweise 1-Liter-Flaschen – werden Sie im Laufe der Zeit selber bei sich und Bekannten zusammensammeln. Leere Flaschen hat doch eigentlich jeder – einige freundliche Worte, und man sammelt auch für Sie.
Die Flaschenreinigung geschieht so, daß sie zunächst einmal für 24 Stunden in einer Wanne mit Wasser eingeweicht werden. Etiketten fallen nach dieser Zeit meist schon von alleine ab, und auch hartnäk-

Abb. 78: Ein sehr zweckmäßiges und leistungsfähiges Flaschenspülgerät.

kiger Schmutz wird weich. Dann allerdings muß eine Flaschenbürste her, so daß mit klarem Wasser noch eine gründliche Innenreinigung erfolgt. Im Fachhandel gibt es auch kleine Geräte, die spülen können und mittels einer kleinen Stahlbürste gleichzeitig reinigen.
Lassen Sie sich von einem Weinspezialgeschäft hierüber beraten. Umgekehrt in einen Wäschekorb gestellt, läßt man die gesäuberten Flaschen dann gut austrocknen.
Verzichten Sie auf das in Fachbüchern empfohlene Spülen durch Wasser, das mit schwefliger Säure versetzt wurde. Verzichten Sie auch auf den Einsatz anderer Konservierungsmittel – klares Wasser, gründlich angewendet, genügt.
Ich selber habe zum Flaschenspülen eine alte Mundddusche umfunktioniert – das klappt hervorragend. Vielleicht erfinden Sie etwas ähnliches, um mit hartem Strahl auch in die Flasche hineinzugelangen.
Die Korken bestellen Sie beim Fachhandel, 4 cm lang, ∅ 22 mm. Dieser Korken paßt sowohl für die 1/1- als auch für 0,7-l-Flaschen. Die Korken werden 24 Stunden vor der Verwendung *in kaltem* Wasser gespült bzw. eingeweicht. Einfach so: Korkmengen in leeren Zehnlitereimer geben, einen zweiten, mit Wasser gefüllten, Eimer daraufstellen, dann in die Lücke zwischen den beiden Eimern Wasser einfüllen – so haben Sie die Gewähr, daß die Korken *unter* Wasser weichen können. Das Einweichwasser zwei- bis dreimal ausgießen und erneuern, bis es klar bleibt.
Nach 24 Stunden sind die Korken meist weich, so daß sie gut durch eine Korkmaschine gepreßt werden können. Sollten Sie schlechtes Korkmaterial erhalten haben, dann wässern Sie 48 Stunden oder noch länger – Sie spülen aber keinesfalls mit heißem Wasser. Heißes oder, schlimmer noch, kochendes Wasser zerstört die Zellstruktur des Korks und macht ihn unbrauchbar!

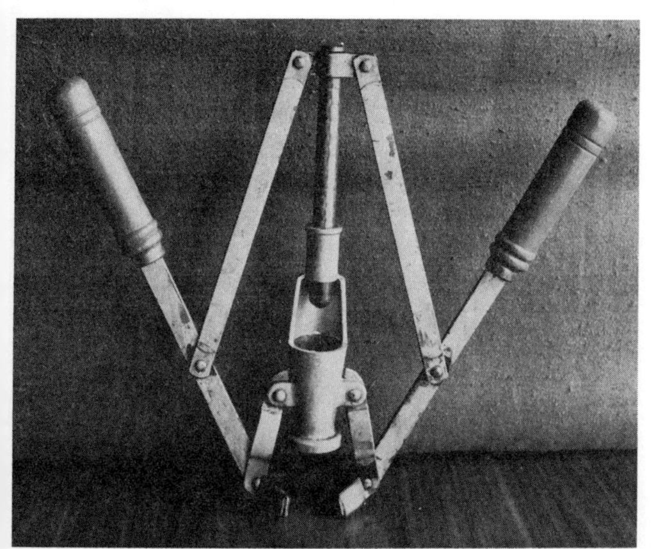

Abb. 79: Eine kleine Korkmaschine, die auch von Frauenhänden bedient werden kann.

Eine Korkmaschine gibt es als kleines Hand-Holzmodell schon für wenige Mark zu kaufen – sogar Ihr Drogist besorgt es Ihnen. Recht komfortable Handmaschinen, die mit beiden Händen bedient werden und dabei leicht und schnell korken, sind im Fachhandel schon für etwa 30,– DM zu haben.

Wer es noch komfortabler haben will, kann sich aber auch eine richtige kleine Standmaschine für Handbetrieb zulegen, er muß dann aber schon ca. 300,– DM ausgeben. Die Weinbedarfshandlung Moser (s. 12.2) verfügt über ein solches Modell.

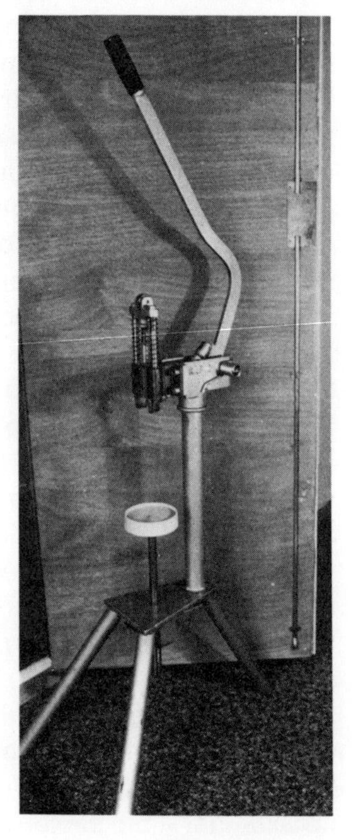

Abb. 80: Eine sehr leistungsfähige Handkorkmaschine, die auch für mittlere Betriebe noch ausreichend ist.

Dann gibt es auch noch die Möglichkeit, entsprechende Flaschen mit Kronkorken zu verschließen. Auch hier gibt es ein ganz kleines, preiswertes Maschinchen per Handbetrieb für einen schnellen, sauberen Verschluß. Die Kronkorken selber sind dabei sehr viel billiger als Naturkorken.

Abb. 81: Ein Maschinchen zum Verschließen von Kronkorkflaschen.

Immer wieder taucht hierbei die Frage auf, welcher Verschluß der bessere sei. In meinem Keller geht es kunterbunt durcheinander – der gleiche Wein, mal mit Kronkorken, mal mit Naturkorken verschlossen, je nachdem, welche Flaschen gerade unterkommen. Bei kritischer Prüfung meine ich aber feststellen zu können, daß die mit Naturkork verschlossenen Weine etwas runder, weicher schmecken, sich in der Flasche noch etwas lieblicher ausgebaut haben, als die mit einem Kronkork verschlossenen. Ist es Einbildung? In jedem Fall ist der Unterschied äußerst gering und nur von einem wirklichen Kenner feststellbar.
Die Abfülleinrichtung? Ein Gummischlauch an den Ablaufhahn des Fasses, am Abfüllende des Schlauches dann eine gewöhnliche Schlauchquetsche, wie man sie vom Entsafter her in vielen Haushalten hat – das genügt vollständig. Genauso gut kann man auch einen kleinen Hahn aus Plastik o. ä. verwenden. Hauptsache ist, daß eine *Einhandbedienung* möglich ist, denn die andere Hand wird die Flasche halten. Schaffen Sie sich in keinem Fall ein kompliziertes Gerät an!
Beim Abfüllen selber lassen Sie den Wein mit schwachem, weichem Strahl in die Flasche hineinlaufen, sonst schäumt er nur, und Sie brauchen in Wirklichkeit länger, als wenn man ihn langsam in die *schräg gehaltene* Flasche, an der Flaschenwandung entlang, hineinlaufen läßt.
Es wird nur so hoch gefüllt, daß zwischen Flüssigkeitsspiegel und Korkenunterseite ca. 2 cm Luft verbleiben. Füllen Sie zu hoch, so kann es den Korken wieder heraustreiben, lassen Sie zuviel Luft, so schadet es dem Wein.
Nach dem Füllen werden die Flaschen noch nicht gleich ins Regal gelegt, sondern mindestens noch 24 Stunden lang senkrecht stehen gelassen, um sicher zu sein, daß kein Korken heraustritt.
Anschließend werden Sie aber in jedem Fall liegend gelagert, so daß der Korken stets von Flüssigkeit umspült wird und elastisch bleibt, also nicht austrocknet.

10.6 LAGERZEIT

Nach dem Abfüllen noch nicht gleich trinken! Geben Sie Ihrem Wein wenigstens 4 Wochen zur Beruhigung, Ihre eigene Zunge beweist es Ihnen dann, daß eine drei- bis sechsmonatige Lagerung auch noch

eine bedeutende Geschmacksabrundung mit sich bringt. Dann erst hat Ihr Wein seinen Endgeschmack erreicht, den er vermutlich ein bis zwei Jahre behalten wird. Aber auch noch während dieser Zeit wird er Ihnen von Monat zu Monat runder, weicher, milder vorkommen – ein Zeichen des noch weiter fortschreitenden Säureabbaues. Länger als zwei Jahre sollten Sie ihn dagegen nicht aufbewahren, denn das wird er ohne Einsatz von schwefliger Säure nicht überstehen. Soll er ja auch nicht, denn wir wollen ja ein frisches, gesundes Getränk ohne Konservierungsstoffe haben. Außerdem rückt in den Folgejahren ja schon wieder die neue Ernte nach – Sie bekommen ganz von alleine einen Rhythmus zwischen Faßlagerung, Flaschenlagerung und Konsum, der sich irgendwo einpendelt.
Unvermeidlich ist es, daß beim ungeschönten und unfiltrierten Wein sich in den Flaschen mit der Zeit ein kleines Depot an Trubstoffen ansammeln kann. Das schadet gar nichts, nur beim Ausschenken muß man etwas vorsichtig sein, möglichst wenig schwenken, damit es sich nicht aufrührt.
Auch der Flaschenlagerraum sollte kühl sein, 10 bis 12° sind ideal, darüber ist es zu warm. Wichtig, wie auch bei der Weinlagerung im Faß, ist eine möglichst gleichbleibende Temperatur über das ganze Jahr hin.

10.7 WEINGENUSS

Die schon oft empfohlenen Weinbedarfshandlungen führen immer ein Sortiment von sogenannten Leeretiketten mit schönen Emblemen, Umrandungen usw. Ab einer kleinen Auflage druckt man auch »Ihren« Text ein. Ein Etikett wie auch eine Korkhülse »putzt« die Flasche ungemein, und da stets auch das Auge etwas mittrinkt, erfreut natürlich eine etikettierte Flasche mehr.
Wein sollte man nicht aus bunten Gläsern, Tonkrügen usw. trinken. Am stilvollsten sind schlichte, weiße, leicht tulpenförmige Gläser. Das Foto zeigt ein solches Weiß- und Rotweinglas, in der »richtigen« Höhe gefüllt. Es zeigt das Getränk und hält die Blume.
Und die Trinktemperatur? – Kellerfrisch! Keinesfalls eisgekühlt oder zimmerwarm. Das gilt sowohl für Ihren Weiß- als auch den Rotwein.
Wozu trinkt man nun bevorzugt Weißwein oder Rotwein? Nun, Weißwein am besten zum Essen, besonders bei leichten Speisen, hellem Fleisch oder Fisch. Braten, fette oder schwere Speisen dage-

Abb. 82: Klassisches Rot- und Weißweinglas, das das Aroma bewahrt.

gen fordern Rotwein, weil die darin enthaltene Gerbsäure die Verdauung erleichtert. Wein ist überhaupt das beste Getränk zum Essen, denn seine organischen Säuren unterstützen die Magensäure, der Alkohol beschwingt und macht jede Mahlzeit zu einem kleinen Fest.
Als Abendgetränk ziehe ich persönlich den Rotwein vor – er ist bekömmlicher, während Weißwein immer anregt. Im übrigen aber gilt: Jeder sollte trinken, wie er es liebt; die früheren, recht strengen Trinkvorschriften gelten heute nicht mehr.

10.8 WEIN UND GESUNDHEIT

»Wein ist eine Königsarznei« – so steht es in vielen Büchern. Es stimmt. Ein guter, sauberer, durchgegorener Wein kann, mit Maßen genossen, niemals schaden, vielfach aber Freude, Harmonie bereiten und auch der Gesundheit dienen.
Es ist modern geworden, den Alkohol zu verdammen. Sicher, der Wein enthält auch Alkohol – aber in einer völlig anders gebundenen Form als etwa der Schnaps. Er zeigt daher auch eine ganz andere

Wirkung auf uns. Sie selber kennen es: Wein macht leicht, fröhlich und beschwingt, er regt an und beflügelt Geist und Sinne. Schnaps macht böse, laut und dann schnell müde.
Die ungewöhnlich positive Wirkung des Weines auf uns Menschen beruht dabei keineswegs nur auf seinem Alkoholanteil, die anderen Inhaltsstoffe sind genauso wichtig. Zusammen ergeben sie die Harmonie eines Getränkes, das einfach unnachahmlich ist.
Wein enthält: Enzyme, Fermente, Mineralien – besonders viel dabei das für uns so wichtige Kalium – Kalzium, Eisen, organische Säuren, Tannoide-Verbindungen, Vitamine usw. usw. – eine schier unglaubliche Fülle von wichtigen Stoffen also, die alle in feinster Verteilung vorliegen und von unseren Organen sofort aufgenommen werden können.
Die Liste der Krankheiten, die von einem leichten Weingenuß gebessert oder günstig beeinflußt werden können, ist riesengroß; die Liste der Krankheiten dagegen, bei denen, nur wegen des Alkohols, Wein strikt verboten wird, ist sehr klein; vorwiegend sind es die Lebererkrankungen.
Stets wird Wein den Kreislauf anregen und unseren gesamten Verdauungsapparat günstig beeinflussen. Eindeutige medizinische Ergebnisse beweisen auch die hervorragende Wirkung des mäßigen und regelmäßigen Weingenusses auf unser Herz. Seine Gefäße bleiben elastischer, Herzinfarkte kommen, statistisch gesehen, viel weniger vor, als bei völlig Enthaltsamen oder bei Bier- bzw. Schnapstrinkern.
Was heißt beim Weingenuß »mäßig«? Darunter wird mindestens 1/4 l pro Tag, normalerweise 1/2 l bis zu einem 3/4 l verstanden. Alle Berichte sind sich einig, daß selbst ein regelmäßiger Weingenuß *bis* zu einem Liter nicht schädigend ist. Erst *regelmäßige* Mengen über 1 Liter gelten als lebergefährdend. Immer wird hierbei aber an einen naturreinen durchgegorenen Wein gedacht.
Im Literaturanhang sind zwei Bücher erwähnt: »Gesund mit Wein« und »Heilkräfte des Weines«, sie sind lesenswert und amüsant.
Denken Sie aber stets daran: Wein ist niemals gleich Wein! Die Vielfalt macht den Unterschied: Ein säurehaltiger Weißwein, beispielsweise von der Mosel, wird bestimmt bei Magen- oder Darmschwierigkeiten falsch sein, dagegen ein leichter, milder Rotwein gut vertragen werden. Ein schwerer Rheinwein wird keinesfalls die gleiche anregende Wirkung auf den Kreislauf zeigen, wie ein leichter Franken- oder Elsässerwein.

Unsere Ärzte geben nur recht ungern Auskunft hierüber; einmal wird dieses Fach kaum noch gelehrt, zweites verträgt sich eine Weinempfehlung schlecht mit unseren modernen Medikamenten, zum dritten aber: Wer kennt eigentlich in Deutschland noch naturreinen, chemiefreien Wein? Das ärztliche Mißtrauen ist daher durchaus berechtigt. Französische, schweizer oder österreichische Ärzte, Naturärzte oder Homöopathen haben vielfach andere Vorstellungen – für sie ist Wein auch heute noch ein Medikament.
Selbstverständlich kann dieses Buch keine medizinischen Ratschläge geben, es soll auch keineswegs dazu verleiten, etwa aus Gesundheitsgründen nunmehr kräftig Wein zu trinken. Es lohnt aber, auf die Frage einzugehen: Wo wirkt Wein fördernd und wo schädlich? Die nachfolgende Aufstellung, die selbstverständlich keinen Anspruch auf Vollständigkeit erhebt, ergibt sich aus der Literatur und auch aus Gesprächen mit verschiedenen Ärzten. Beginnen wir mit der positiven Wirkung.
Wein zum Essen: Durch seine natürliche Säure, seinen leichten Alkoholgehalt und auch stimulierende Wirkung erleichtert das Getränk die Verdauung, wirkt in jedem Fall funktionsanregend auf die Bauchspeicheldrüse und vermindert Völlegefühle nach schwerem Essen. Niemals zum Essen einen süßen Wein trinken! Er kann die Wirkung sogar ins Gegenteil verkehren.
Wein wirkt schwach desinfizierend. Dieses nicht nur auf äußerliche Wunden, sondern auch beispielsweise im Darm. Unpäßlichkeiten werden mit einem sehr herben, unbedingt trockenem Rotwein, der ganz leicht stopfend wirkt, reguliert.
Andererseits fördert ein leichter Weißwein die *Verdauung und Ausscheidung.* Natürlich nie so stark wie ein Abführmittel, trotzdem sind die Berichte recht einheitlich darüber, daß eine Förderung des Stuhlganges erreicht wird – für diejenigen, die unter diesem Problem zu leiden haben, ist dies vielleicht ein nützlicher Hinweis.
Die Nierenfunktion wird verbessert. Ein herber, nicht zu alkoholreicher Weißwein wirkt immer leicht diuretisch. Es muß aber eine Einschränkung erfolgen: Ältere Menschen, die erhöhte Harnsäurewerte haben, sollten den Arzt befragen, denn Alkohol in jeder Form vermindert auch die Harnsäureausscheidung.
Wein erhält die Gefäße elastisch. Recht eindeutig sind die Berichte, daß Menschen, die regelmäßig ihr Leben lang Wein genossen haben, weniger mit Herzbeschwerden zu tun haben als Abstinenzler. Diese Wirkung ist im medizinischen Fachwissen so fest verankert, daß in

diesem Falle Wein direkt als Medizin verordnet wird.
Wein bei Blutdruck- und Kreislaufbeschwerden ist seit altersher empfohlen. Bei hohem Blutdruck soll er nicht schaden, zumal, wenn die Mengen, die man zu sich nimmt, gering sind. Bei niederem Blutdruck wirkt er in jedem Falle positiv, d.h. leicht blutdrucksteigernd und anregend. Bei wetterfühligen Personen, die unter starken Blutdruckschwankungen leiden, wirkt Wein – besser noch ein kleines Gläschen Sekt – spontan und bringt oft schneller wieder Erleichterung als eine Tablette.
Wein bei Infektionskrankheiten: Ob Erkältungen, Entzündungen usw. – Wein beschleunigt offenbar die Atmung, die Sauerstoffzufuhr zu den Gefäßen, der Herzschlag wird etwas kräftiger, so daß die Berichte über die günstige Beeinflussung bei Infektionskrankheiten recht eindeutig ist.
Wein zur *Förderung der Drüsenfunktionen:* Bekannt ist die positive Wirkung bei Unterfunktion der Schilddrüse. Das gleiche gilt auch für andere Körperdrüsen. Im Grunde ganz logisch, denn dieses hängt ja mit der allgemein stimulierenden Wirkung des Weines zusammen.
Wein zum Abnehmen: Es ist erwiesen, daß leichter Weingenuß jede Fastenkur positiv beeinflußt und schnellere Ergebnisse bringt. Auch hier sind die Gründe einleuchtend, der sogenannte Grundumsatz im Körper wird erhöht, die Nahrungsmittel oder auch das eigene Fett wird dadurch schneller verbrannt, man nimmt schneller ab. Praktische Verwertung findet diese Tatsache z.B. in der Schrothkur, wo nach einem sogenannten Trockentag am darauffolgenden Tag 0,5 Liter und am dritten Tag sogar 1 Liter Wein über den Tag verteilt getrunken werden soll, um die Entschlackung im Körper zu forcieren.
Rotwein wirkt blutbildend. Altbekannt sind die Verordnungen der alten Hausärzte von Rotwein, verquirlt mit Ei und etwas Zucker. Das soll die Blutbildung fördern, den Appetit steigern und Rekonvaleszenten schneller genesen lassen.
Wein als Nahrungsmittel: Die Mitmenschen, die im negativen Sinne Probleme mit ihren Pfunden haben, sollten sich auch des Weines bedienen, um etwas zuzunehmen. Wein enthält ja erhebliche Mengen an Kalorien, zum anderen aber wirkt er auf die Magenschleimhaut leicht reizend, erzeugt also ein schwaches Hungergefühl, der Appetit kommt wieder, man ißt leichter und auch etwas mehr. Hier wirkt das Getränk also im Sinne eines Aperitifs, er muß selbstverständlich vor dem Essen genossen werden.

Soweit nur ein kleiner Auszug von den guten Seiten des Weines auf unsere Gesundheit. Noch einmal wird wiederholt, daß es sich immer nur um reine, durchgegorene Weine handeln kann, wie man sie auch im Handel durchaus erhält. Wenn man sich dabei nicht auf seinen Lieferanten verlassen möchte, so sollten stets Weine mit dem sogenannten Diabetikersiegel ausgewählt werden, die den gestellten Forderungen noch am ehesten entsprechen.
Wo wirkt nun Wein schädlich und darf aus medizinischen Gründen nicht genossen werden?
Es wurde schon erwähnt, daß die negative Aufzählung recht klein ist, dann aber auch mit wirklicher Konsequenz befolgt werden muß.
Wein und Medikamente vertragen sich schlecht. Wer also auf ärztliche Verordnung regelmäßig Medikamente zu sich nimmt, muß *in jedem Fall* den Arzt befragen. Auch wenn nur gelegentlich Medikamente, wie Schlaftabletten oder Kopfschmerztabletten, eingenommen werden, sollte in dieser Zeit der Weingenuß vermieden werden. Der Grund ist eigentlich ganz einfach: Infolge seiner Durchblutungsförderung, seiner stimulierenden Eigenschaften, wird die Wirkung fast aller eingenommenen Tabletten verstärkt, und zwar individuell recht verschieden, so daß schon ein bis zwei Kopfwehtabletten in Verbindung mit Wein verheerende Wirkungen zeigen können. Dieses gilt selbstverständlich nicht nur für den Wein, sondern genauso für Bier, Schnaps oder andere alkoholischen Getränke.
Wein bei Lebererkrankungen: Im allgemeinen herrscht bei Lebererkrankungen striktes Alkoholverbot. Selbstverständlich ist der Wein darin einbezogen. Ausschließlich der behandelnde Arzt kann Ihnen sagen, ob vielleicht »ein Achtele« noch erlaubt sei.
Interessanterweise sei erwähnt, daß ein sehr mäßiger Weingenuß durchaus die Entgiftungsfunktion der Leber auch steigern kann – dies gilt natürlich nur für ein gesundes Organ, niemals wenn es bereits angeschlagen ist. Sind Sie Diabetiker, so muß auch hier der Arzt die Erlaubnis zum Weingenuß geben. Zwar sind die Ansichten darüber, ob Wein schädlich oder vielleicht sogar nützlich sei, durchaus verschieden, aber es gibt eben auch verschiedene Diabetesformen. Sprechen Sie also mit Ihrem Arzt, er trägt die Verantwortung.
Bei allen Formen der *Gastritis* (Magenschleimhautentzündung) sowie sonstigen Erkrankungen des Magen- und Darmkanales ist Wein ebenfalls strikt verboten.
Auch hier sollten Sie unbedingt Ihren Arzt zu Rate ziehen, wann nach einer Ausheilung dieses Getränk wieder erlaubt ist.

Haben Sie noch keine akuten Beschwerden, zeigt Ihnen jedoch Ihr Körper, daß er Wein nicht verträgt, beispielsweise durch *Sodbrennen*, nun, dann hören Sie auch auf Ihren Körper und erzwingen Sie nichts – es gibt schließlich noch andere Getränke.
Zusammengefaßt also: Es sollte auf Weingenuß immer dann verzichtet werden, wenn eine Erkrankung vorliegt, gleich, ob sie akut oder chronisch, leicht oder schwer ist. Dann entscheidet grundsätzlich der Arzt, und man sollte sich an seine Vorschriften halten.
Lassen Sie mich zum Schluß den Vers des Schriftstellers Karl Christoffel zitieren:

»Mit Maßen trink' den Rebensaft,
und Du gewinnst Dir seine Kraft.
Doch gibst Du Dich dem Unmaß hin,
verlierst Du Deine Kraft an ihn.«

Zum Schluß dieses Kapitels noch einige Bemerkungen über den *Alkohol im Wein.*
Unsere deutschen Weißweine enthalten durchschnittlich zwischen 8 bis 10 % Alkohol. Rotweine liegen ein klein wenig höher, zwischen 9 und 12 %. Ausländische Weine haben einen noch höheren Alkoholgehalt, er liegt kaum unter 12 %. Was bedeutet das eigentlich? Nun, zumindest soviel: wenn Sie einen Liter Wein trinken, nehmen Sie zwischen 80 und 120 g reinen Alkohol zu sich. Das ist soviel wie etwa 10 bis 15 Schnäpse in der üblichen Konzentration von ca. 40 % Alkoholgehalt. Immer wieder muß man feststellen, daß nur wenig Leute sich über diese absolute Menge des Alkoholes im klaren sind. Das heißt, ein Fläschchen Wein, oder sogar auch eine Literflasche, die wird, zumal wenn man sich in froher, angenehmer Gesellschaft befindet, durchaus konsumiert. Andererseits weiß wohl auch jeder: wenn er 15 Schnäpse trinkt, muß ein Vollrausch erwartet werden; vernünftigerweise trinkt er sie also gar nicht. Man kann die Rechnung auch noch anders sehen: Einen Liter Chianti – den putzt man schon einmal weg. Eine halbe Flasche Weinbrand aber – nun, das wäre doch wohl unverantwortlich. Die Menge reinen Alkoholes ist aber auch hier in beiden Fällen gleich!
Chemisch entspricht der Alkohol im Schnaps ganz sicherlich dem Alkohol im Weine. Die biologische Wirkung muß aber einfach eine andere sein. Alkohol im Wein ist also offensichtlich bekömmlicher, als wenn er in Schnapsform zu sich genommen wird. Daran sieht man, daß eben die Wirkung des Weines nicht nur seinem Alkoholanteil, sondern auch seinen sonstigen Inhaltsstoffen zuzuschreiben ist,

Zwar wird der Alkohol nicht eliminiert, nur seine Wirkungen auf uns sind anders.
Diese Bemerkung ist selbstverständlich kein Freibrief, im Gegenteil, das Rechenbeispiel soll beweisen, daß man auch im Weingenuß maßhalten soll.
In jedem Fall zeigt Ihnen dieser Hinweis aber auch, daß im Blut bei einer entsprechenden Untersuchung schon nach harmlosen zwei »Viertelen« ein ganz erheblicher Blutalkoholspiegel festgestellt werden kann – der Führerschein wäre wohl sehr in Frage gestellt.

10.9 WEIN IN KULTUR UND LITERATUR

Es ist unzweideutig, daß Kultur, Kunst, geistiger Fortschritt usw. mit Weinkultur und Weingenuß zusammenhängen. Ob im Zweistromland, Ägypten, dann überspringend auf Griechenland, Italien oder Frankreich – die geistigen Leistungen dieser Völker traten erst dann hervor, als die Lebensart der Menschen auch den Weingenuß einschloß.
Verfolgen Sie einmal die geistig-kulturelle Entwicklung der Menschheit auf unserer Seite der Erdhalbkugel. Sie werden überrascht feststellen, daß sie mit der Weinkultur fast parallel ging. Es scheint so, als ob unser Gehirn die »wein-geistige« Anregung benötigt, um zu höheren Leistungen fähig zu sein, um freier denken zu können und um mehr Phantasie zu entwickeln.
Gleiches gilt im übertragenen Sinne auch in der Verbindung von Wein und Religion. Ob alte oder neue Glaubensgemeinschaften: Der rituelle Weingenuß, sei es alleine für die Priesterschaft, oder, wie bei allen christlichen Religionen beim heiligen Abendmahl für alle Gläubigen, ist seit 2000 Jahren üblich. »Dies ist das Blut Christi«, so sagen die Priester, und wir erfassen es mit unserem Glauben. Ist es Zufall, daß der Wein für diese Handlung auserkoren wurde?
Nicht zu beschreiben groß ist die Literatur über den Wein. Homer, Platon, Vergil, Ovid – durch die Jahrtausende wird dieses Getränk beschrieben, gelobt und besungen. Die Bibel erwähnt an hunderten von Stellen den Wein, sei es als Gleichnis, zur Lebensführung, aber auch bei den Wundern, die Jesus vollbrachte.
Der französische Philosoph Pascal meinte: »Das Fehlen des Weines in der menschlichen Gesellschaft ist ein so großes Elend, daß dieserhalb Jesus Christus das erste Wunder wirkte.«

Und Paulus sagte im Timotheus-Brief I/5 in einer Bibelstelle: »Trinke nicht mehr Wasser, sondern brauche ein wenig Wein, um Deines Magens willen und da Du oft krank bist.«
Schließen möchte ich mit einem Wort des Dichters Dante: »Vom Angebinn der Schöpfung ist dem Wein eine Kraft beigegeben, um den schattigen Weg der Wahrheit zu erhellen und das Leben zu verschönen.«
Er mache Ihnen Freude, schenke ihnen Wohlbehagen, Entspannung und Gesundheit – Ihr eigener Wein!

KAPITEL 11

Obst- und Beerenweine

Wenn auch dieses Buch vom »echten Wein« aus Weintrauben handelt, so wäre es unvollkommen, wenn es nicht auch ein Kapitel über die sogenannten Obstweine enthielte.
Grundsätzlich kann man solche Weine aus allen zur Verfügung stehenden, Fruchtzucker enthaltenden Obstarten herstellen. Also z. B. aus Kirschen, Stachelbeeren, Erdbeeren – ja sogar aus Rhabarber. Im Orient verwendet man selbstverständlich auch Feigen, Datteln, Ananas und noch viele andere Früchte.
In unseren Gegenden haben aber nur zwei Obstweinvarianten eine alte Tradition: Apfelwein und Beerenwein, vorzugsweise gewonnen aus den roten Johannisbeeren.

11.1 Apfelwein

Er ist ein leichtes, frisches, leicht säuerliches Getränk mit höchstens 6 % Alkoholgehalt, er will jung getrunken sein, denn die Haltbarkeit ist gering.
Besonders in Gegenden, wo die Weintraube nicht mehr so recht gedeiht, Äpfel und Birnen aber noch wachsen, wird er gerne hergestellt und getrunken.
In Hessen z. B. ist der »Äppelwoi« ein Volksgetränk, in Süddeutschland aber ebenso der »Moscht«, ein Gemisch von Apfel und Birnen – hierzu verwendet man die sauren, holzigen Straßenbaumbirnen – den besonders die Landarbeiter als Durststiller sehr schätzen, der aber als Haustrunk auch heute noch vielfach erhältlich ist.
Die Herstellung? Nicht anders als unser Traubenwein! Nur – selber

auspressen sollten Sie Ihre Äpfel nicht, dazu ist der Druck der Hauspressen zu gering, die Arbeit lohnt auch nicht. Kaufen Sie lieber den frisch gepreßten, noch trüben Most beim nächsten Küfer, bei der nächsten Mosterei oder Obstbaugenossenschaft frisch ab Presse, er ist preiswert.
Es erfolgt eine Zuckerbestimmung, wie Sie es aus diesem Buch her schon kennen. Stellen Sie dann den evtl. Zuckerzusatz so ein, daß der spätere Wein ca. 5 bis 7 % Alkohol bekommt.
Die erste, stürmische Gärung geht auch beim Apfelmost sicherer vor sich, wenn Sie mit Hefezusatz, vorzugsweise Weinhefe, arbeiten.
Auch alle übrigen Arbeiten sind vollständig gleich wie beim Traubenwein. Nur, sowie ein Apfelwein im Faß einigermaßen klar geworden ist, also etwas im Januar, sollte er schon auf die Flasche kommen. Im Faß wäre er infolge seines geringen Alkoholgehaltes bei längerer Lagerung zu großen Gefahren ausgesetzt.
Meine Empfehlung: Für warme Sommertage und als Durstlöscher sollten Sie sich einmal ein kleines Fäßchen bzw. einen Glasballon mit Apfelwein bereiten – mit Mineralwasser gemischt, ist er auch für Kinder gut verträglich.

11.2 BEERENWEIN

Immer dann, wenn Sie im Garten viel Johannisbeersträucher haben und es ein gutes Beerenjahr war, stellt sich die Frage, wohin mit dem Überschuß. Soviel Saft oder Gelees kann man ja auch nicht gebrauchen.
Also verwenden wir den Überschuß für die Herstellung eines Beerenweines!
Zuerst die Frage des Entsaftens. Mit unserer Traubenmühle und Weinpresse ist die Saftausbeute zu gering. Entsaften Sie daher mit dem Dampfentsafter, wie es die Hausfrau sonst ja auch tut.
Oder man bedient sich der Großmuttermethode, indem man die Beeren einmal aufkocht und den Saft dann durch ein Leinentuch hindurch abfiltert. Auskunft hierüber gibt jedes – besonders ein altes – Kochbuch.
Beerenwein soll immer Portweincharakter haben. Man wird auch nie große Mengen herstellen – 10 bis 20 Liter genügen vollkommen. Er ist also immer ein Südweintyp mit hohem Alkoholgehalt. Sie messen auch hier den Zuckergehalt des Saftes mit der Öchslewaage und

bringen ihn durch Zuckerzusatz auf etwa 120 bis 150 Grad Öchsle. Dieser zusätzliche Zucker wird dann während der Gärung als reines Produkt, also nicht aufgelöst im Wasser, dem Most zugesetzt. Der Zusatz erfolgt in kleinen Portionen und jeweils unter Umrühren.
Der von Ihnen bereitete Saftauszug ist steril, durch das Aufkochen sind die Hefen kaputtgegangen, immer müssen Sie eine Weinhefe zusetzen, sonst passiert nichts. In diesem Falle aber kaufen Sie sich in der Drogerie eine Portwein- bzw. Südweinhefe der Fa. Arauner, Kitzingen. Nur dieser Hefetyp ist in der Lage, aus dem sehr süßen Most auch höhere Alkoholmengen hervorzubringen.
Alles weitere wie bekannt: Stürmische Gärung (mit gestaffeltem Zuckerzusatz), Abzug, Nachgärung, noch einmal Abzug. Dann Lagerung, bis der Wein geklärt ist, und schließlich Flaschenfüllung.
Ein solcher alkoholreicher Südwein ist übrigens auch in einer angebrochenen Flasche stabil. Lassen Sie einmal eine solche Beerenweinflasche einige Jahre liegen, bevor sie geöffnet wird – Sie werden erstaunt sein, wie wunderbar dieses Getränk durch die Lagerung abrundet und schmackhafter wird.
Die bereits erwähnte Fa. Arauner bringt übrigens speziell für die Beerenweinbereitung eine kleine Broschüre heraus, die gegen eine Schutzgebühr zugeschickt wird.

Stichwortverzeichnis

Lieferantenhinweise

1. Geräte und Maschinen:

Drahthaspeln und Stabanker:
Fa. Glienke & Co., Heilbronner Straße 93, 7128 Lauffen

Haushaltspressen und Obstmühlen:
Fabrikat »Siegerin« Fa. Rauch
erhältlich in Haushaltswarengeschäften und Eisenwarengeschäften

Handkorkmaschinen:
Siehe bei Kellereibedarfshandlungen

2. Küfereien:

Rieger – Behälterbau, Talstraße 33, 7121 Ingelheim
Chr. Saxauer, Küferei, 7811 Ihringen, Kaiserstuhl
G. Schanz & Co., Auf der Lehr 16, 7406 Mössingen/Württ.
Küferei F. Streib, Lange Straße 80, 7406 Mössingen

3. Allgemeiner Kellereibedarf:

Kellereibedarf Moser, Cannstatter Straße 112, 7012 Fellbach – umfassendes Sortiment fast aller Artikel
Kellereibedarf Jacobs, Am Weinkastel 10, 6501 Klein-Westheim – wie oben

4. Rebschulen:

Fa. Steinmann, 8701 Sommerhausen/Main
A. + K. Speckert, Rebschulen, 6701 Kallstadt
Fragen Sie auch an bei: Verband der Rebveredler, Finkenpfad 4, Bad Dürkheim
Lieferung auch über jede größere Baumschule

5. Hefen:

Trockenhefe »Ferotin« Fa. Georg Christoph Nachf., Braunschweiger Weg 35, 6230 Frankfurt 80 – sowie über Kellereibedarfshandlungen
Flüssighefe Fa. Arauner, Kitzingen/Main – sowie über jede Drogerie

6. Bodenuntersuchung:

Dr. Fritz Balzer, Labor für Bodenuntersuchung, 3551 Amönau/Hessen

7. Regenwurmversand:
Fa. Oskar Angst, Pflügergrundstraße 33, 6800 Mannheim
WUZ Wurmzuchtfarm Töllner, Rappeneckstraße 4, 7808 Waldkirch 3

8. Spezielle Düngemittel:
E. O. Cohrs, Postfach 1165, 2130 Rotenburg/Wümme – für alle biologischen Spritz- und Düngemittel, Steinmehl und Fachbücher

Bio-Gartenmarkt Keller, Konradstraße 17, 7800 Freiburg – wie oben, zusätzlich großes Gartenartikel- und Samenprogramm
Steinmehl alleine:
In Deutschland:
Fa. Basaltwerk Hauri, Sonnstraße 6, 7805 Bötzingen

In der Schweiz:
Fa. Eberhardt und Walser, Mineralwerk, Seefeldstraße 6, CH-8038 Zürich

In Österreich:
Basaltwerk Kollnitz, St. Paul im Lavantal, Kärnten

Aminisäuredünger »Siapton« zur Blattdüngung:
Fa. Christoffel jr., Am Breitenstein 1, 5500 Trier